U0503729

上海汽车博物馆 编著

自行车的诞生

从手稿
到环球利器

A BRIEF
HISTORY
OF
BICYCLE

上海人民出版社

前言

上海汽车博物馆一楼的弧形序厅里，陈列着人类交通史的标志性设计：从滚木，到马车，再到火车、汽车，直至飞机与火箭。这其中有一辆造型古怪的自行车，总是引发游客的好奇。它有着硕大的前轮，以及比例失调的小小后轮，而骑车人的座位居然就在前轮上方！这么高的坐姿，人怎么上去？骑行的时候怎么刹车？它能保持平衡吗？对了，这种奇怪的款式叫做"penny-farthing"，直译为"便士-法新"，英镑的货币单位为什么会用在车上呢？如果翻阅过本书，以上问题自当迎刃而解。

今天司空见惯的自行车，在交通史上的地位可能要比大家想象的高得多。这是人类第一次拥有一种不依靠畜力，以最小的代价即可拓展自由交通半径的工具。它便捷、实用，还很时髦，当年曾经开启一种时尚男女们最热衷的运动与社交方式，并且引发了西方社会女性服饰的巨大变革。人们用四百年时间一点点打造出这精美机械，宛如一幅斑斓而迷人的拼图，每个时代的设计与工艺大神们都为它的完整奉献一份力量，直至19世纪末20世纪初完成了现代化的版本。很多时候，自行车的发展历史非常像是充满刺激的秘境探险，看似前程一片坦途，突然就遭遇阻碍，甚至感觉无法再进行下去了，最终则依然柳暗花明。仿佛有一种无形的力量催动着这一切——今天我们完全可以说，这种力量源自人们对交通方式变革的期待，正是对自由迁徙与移动的渴望，催动了自行车的发明与发展，一如后来人们又发明了汽车、飞机、宇宙飞船……

向大家介绍这样一种日常熟悉，却又不那么了解其前世今生的重要交通工具，探秘它的源起与演变，讲述它跌宕起伏的进化过程，以及与它同时代的社会生活史，是一件饶有趣味且有意义的事。

更何况，后起的汽车享用了太多自行车的福利。本书策划者第一次在欧洲的汽车博物馆里，目睹到成片展出的、形制缤纷的古董自行车时，惊异之情完全击碎了原有的认知。而这样"跨界"的陈列对全球的汽车博物馆来说并不是孤例。如若将这份渊源放回到我馆的收藏上来说，人类历史上第一辆获得专利的机动车，即奔驰三轮机动车的车身，就是用两辆自行车拼装而成，创始人本茨本人和他的两位投资人都是自行车爱好者。后世很多著名的汽车品牌，比如标致、欧宝、斯柯达都是由自行车制造起家。而从斯塔利发明的差速器到邓禄普的橡胶轮胎，这些汽车必不可少的配置，哪一样又不是从自行车移植而来呢？当然，如果您想知道更多关于自行车与汽车的缘分，不妨拿着本书看下去。

在开篇之前，我们还需要对本书的编辑做几点小小的说明。

其一，自行车的早期历史距离我们年代久远，而且最初打造它的先行者，是在当时往往默默无闻的匠人。关于他们的故事，我们只能秉持有一分证据说一分话的原则，力求为大家讲述信史。而本书的成稿也得到了上海社会科学院历史研究所的研究员提供的专业支持。

其二，考虑到自行车历史的时间跨度大，枝蔓繁杂，我们在采撷故事的时候，尽可能简明扼要，辩伪存真，不堆砌枯燥的技术数据，希望能让大家愉快地读完这段历史。为了达到这一效果，本书精选搭配了大量图版，相信对提升大家的阅读兴趣会有所裨益。

最后，读者可能会在收尾时感到一丝的意犹未尽，为什么我们的故事讲到19世纪末就戛然而止呢？这是因为本书的主脉络，是循着自行车技术发展的全过程的，这一过程到了19世纪末20世纪初，已经基本定型。关于锦上添花的部分，关于它与20世纪人们的故事，包括为人熟知的自行车竞赛，暂不在本书的收录范围之内，如果大家有兴趣，请听下回分解。

作为中国首家专业汽车博物馆，上海汽车博物馆长期以来致力于人类交通方式的研究、展示和表达。2018年末博物馆基于自有馆藏着手撰写自行车课题时，市面上还没有同类的书籍。而当本书即将问世之际，已有不少学者陆续出版了专著，探讨自行车历史的各个切面，可见这个选题的价值所在。我们这本《自行车的诞生——从手稿到环球利器》的出版，虽已称不上破局之作，但仍希望为大家的汽车（交通）人文视野，提供一块不一样的拼图，也希望大家在读完本书之后，有更多兴趣去骑行自行车。毕竟，这是一种健康、环保、长寿的交通工具，而且——正如我们书里讲述的——富含文化与历史。

坐定，蹬车，我们启程啦。

上海汽车博物馆

2022年8月

转动自由之轮

第
一
章

| 15 世纪末至 19 世纪初 |

不断拓展自身行动范围是人类从未放弃过的追求。不依靠任何畜力，仅靠人类自己的力量就能持续快速前进，这是一个古老的设想。然而，在这一设想真正成为现实前，人们摸索了很久，这些最终促成自行车诞生的涓滴努力，如今多半埋没在了时光的碎屑里，却是人类科技、文明进步的见证。略有遗憾的是，这些历史距离我们太过久远，以至于很难在今天辨析真伪，比如，到底是谁发明了自行车？

达·芬奇发明了自行车？

一项技术的发明总被人习惯性的归结于一个天才的奇思妙想。自行车技术的发明在很长一段时间内都被归功于意大利文艺复兴时期最伟大的艺术家

列奥纳多·达·芬奇，"文艺复兴三杰"之一，
传说中第一个发明自行车的人

和科学家列奥纳多·达·芬奇。

列奥纳多·达·芬奇（Leonardo da Vinci, 1452年—1519年），欧洲文艺复兴时期人文主义的主要代表人物。他在绘画艺术方面的成就最为辉煌，与米开朗基罗和拉斐尔并称"文艺复兴三杰"。他的艺术作品，如《蒙娜丽莎》《最后的晚餐》等，广为人知，而完美呈现人体比例的《维特鲁威人》则被誉为世界上最伟大的素描，堪称文化象征。

在卓越的艺术成就之外，达·芬奇还以博学著称，常常被描述成一个博学者中的典型、一个有着"不可遏制的好奇心"和"极其活跃的创造性想象力"的人。达·芬奇有超越时代的广泛构思，涉及后世的直升机、机关枪、机器人、坦克、太阳能聚焦使用、计算器、双层壳……他都有过概念性发明。他还在建筑、数学、几何学、解剖学、生理学、动物学、植物学、天文学、气象学、地质学、地理学、物理学、光学、力学、土木工程等领域有着显著的成就。

一如达·芬奇的艺术创作中只有极少数画作（据统计仅存15张）流传下来一样，他散布在形形色色收藏中的科学示意图、笔记的手稿，存世的同样也

十分罕见。《大西洋古抄本》（*Codice Atlantico*）是诸多列奥纳多·达·芬奇的手稿集册中最大的一部，共12卷，1119张，绘制的年代在1478到1519年之间，包含的类别非常广泛，有飞行、武器、乐器、数学、植物学等等，令后人得以一窥达·芬奇的多才多艺。《大西洋古抄本》为彭佩欧·莱奥尼（Pompeo Leoni）于16世纪末集结而成，现存于意大利米兰的安波罗修图书馆（Biblioteca Ambrosiana），20世纪六七十年代，人们曾对其进行过修复与重新装订。

就在1966年修复达·芬奇手稿的过程中，负责此事的意大利修道士在《大西洋古抄本》的第133页的背后"发现"了一张用碳笔绘制于1493年的草图。在这幅素描图画上，画着一辆明显不具有转向功能的自行车，其驱动方式是以曲柄带动链条，链条再拉动后轮前进。从手稿上看，这一图像与现代自行车极为相似。在这幅看似非常简陋的素描草图中，除了这辆自行车外，还有一些涂鸦的画作。因为《大西洋古抄本》的第133页和132页原本是一页，曾经被人分为两页（大多学者认为是达·芬奇本人分开的）用于作画或是记录，后来又被人胶合在一起。所以这个自行车素描草图和那些涂鸦被掩盖了几个世纪后，才被人重新"发现"。

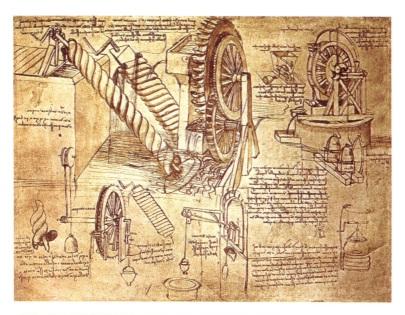

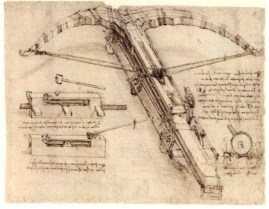

《大西洋古抄本》中的
各种机械设计图样

在1974年的德国法兰克福书展上，国际出版商合作出版了一本名为《未知的列奥纳多》（*The Unknown Leonardo*）的书。其中第三卷由奥古斯托·马里诺尼（Augusto Marinoni）编辑。奥古斯托·马里诺尼当时是米兰天主教大学的词典编纂者，达·芬奇作品的研究权威，他在书的附录中展示了这张据称是来自于《大西洋古抄本》的粗略草图。

虽然从绘图风格来看，这幅草图绝对不是出自列奥纳多之手，但根据马里诺尼的研究，它应该是达·芬奇学生吉安·贾科莫·卡坡蒂（Gian Giacomo Caprotti，又名"萨莱"）的作品，而萨莱之所以有此灵感——在1493年就画出了一幅与现代自行车技术形态极为相似的素描画，无疑是来自达·芬奇的直接启发和影响。顺便说一句，有专家认为，这位萨莱，就是达·芬奇名画《蒙娜丽莎》的原型。因为这一"颠覆性"的发现，奥古斯托·马里诺尼被邀请参加1992年在法国圣艾蒂安举办的第二届国际自行车历史会议。值得指出的是，虽然马里诺尼是个思维敏捷，令人印象深刻的人，但他的理论并没有完全说服在场所有观众。

不过，在位于达·芬奇的故乡佛罗伦萨附近的列奥纳多·达·芬奇博物馆的工作人员，还是根据这张素描画制作了一个全尺寸的木制复制品。这个木制自行车复制品出现在一个题为"机械奇迹：列奥纳多时代"的展览上，还曾于1997年10月在美国纽约的世界金融中心展出。

受到这一研究和日后意大利坚持达·芬奇发明自行车的影响，在不少以"万物由来""世界之最""百科全书"为题的科普类中文书籍中，都将自行车的第一发明人归于意大利人达·芬奇。这一发明的过程甚至被反复想象和演绎，其中最为典型的故事，是下面这个：

> 铛——铛——铛——，钟楼的指针重合在12点，响起了清脆的钟声。钟声唤醒了沉浸在想象中的达·芬奇。"钟为什么能敲呢？里面有发条作动力，对，用发条可以试试自动行走的车。"达·芬奇转身坐在桌子前，把他的设想画在纸上，第一辆以发条为动力的自动行驶交通工具的设计草图在大画家手中诞生了。只是，他的理想留在了纸上……

然而这一切完全是毫无根据的想象，马里诺尼的研究并未得到业内专家的一致认可。最为夸张的是，他的研究结论来源于一本他如今本人再也找不到的研究笔记，如此不可靠的推断，刚一提出就遭到了许多批评。

事实上，别说那本莫须有的研究笔记，就连《大西洋古抄本》上这张粗略草图的真伪也受到了各方质疑。德国科学家莱辛（Hans-Erhard Lessing）撰文指出，所谓达·芬奇的自行车手绘草稿的真实性令人怀疑，似乎是后人伪造的，这么做的动机是民族主义情绪作祟。莱辛后来在他的专著中援引了一位名叫马拉帕尔特（Curzio Malaparte）的意大利作家的话，这段话1949年刊登在一本法国体育杂志上，展现了意大利人是多么渴望证明自行车是自己民族的发明：

> 在意大利，自行车和与列奥纳多的《蒙娜丽莎》、圣彼得大教堂的圆顶或但丁的《神曲》一样，属于"国家艺术遗产"。但令人惊讶的是，自行车并非由波提切利、米开朗基罗或是拉斐尔所发明。你在意大利，若是说自行车并不是由意大利人发明的，一定会看到下面这一幕：所有人脸上都会笼罩一层悲伤之情，变得闷闷不乐。（只要你尝试）这种场面一定会发生！

莱辛承认《大西洋古抄本》第133页背后的确有

《大西洋古抄本》的粗略草图,
被很多人视为世界上最早的自行车设计草稿

一些素描画存在。因为在马里诺尼的研究发表之前，甚至在《大西洋古抄本》被修复之前，来自美国加州大学洛杉矶分校的艺术历史学家卡洛·佩德雷蒂（Carlo Pedretti）就发现了它——1961年，佩德雷蒂借助强光灯的帮助，在《大西洋古抄本》的第133页的背面看到一些东西：两个未连接的圆圈和一些圆弧。

但在莱辛看来，马里诺尼曾在1967年重新发现失传已久的《马德里手稿》（Codex Madrid，达·芬奇手稿，分为I和II，前者创作于1490年至1499年，后者则创作于1503年至1505年之间。这两份手稿失踪了很久，直到1966年才发现于马德里的西班牙国家图书馆），进而成功证明了达·芬奇才是链条传动的最早发明人。这一成功，刺激或是鼓动了正在修复《大西洋古抄本》的意大利教士或者其他什么"Joker"（即小丑，这是莱辛文章所用的词汇——编者注）。后者在修复过程中，也就是在1966年到1969年之间，将《大西洋古抄本》第133页背面的两个本不相连的圆圈草图，描画变成了自行车的轮子，将弧线变成一个车架子和挡泥板，并添加踏板和链条。

莱辛的说法毫不意外地引来了意大利人的反驳。马里诺尼始终坚持达·芬奇手稿是真实的，他争辩

后人根据《大西洋古抄本》草图还原的
"达·芬奇自行车"

说，只有他和修复者才能接触到真正的《大西洋古抄本》，而他不认为僧侣会做假。莱辛却认为，《大西洋古抄本》并没有很严格的安全保卫措施，其实有很多人可以接触到这批珍档，在警方的档案里，甚至还保存了想倒卖这一抄本的案件的卷宗，罪犯就来自保管这份资料的图书馆。

如果仅从技术角度出发，由链条传动但同时拥有一个固定的不可操纵的前轮，车把手仅用于放置骑车者的手，这样的发明出现在15世纪也是不可思议的。因为按逻辑而言，只有发明者已经尝试过前轮踏板的失败，那么链条驱动才有意义。对此，奥古斯托·马里诺尼曾在后来的著述中予以辩驳，他将这种自行车分类为"列奥纳多的不可能的机器"并写道：

> ……车辆永远不会像真正的自行车那样运作……事实上，这些不是真正的机器，而是简单的想法：这个草图代表了自行车的第一个概念，这个概念在人的想象中扎根了。那个人只能是列奥纳多。

达·芬奇发明自行车论的支持者也给予了莱辛近乎相同的嘲讽。他们觉得，莱辛是德国曼海姆技术与劳工博物馆（Museum of Technology and Labour in Mannheim）的前策展人，而曼海姆是1817年卡尔·冯·德莱斯（Karl von Drais）建造第一辆自行车的德国城市，所以捍卫德莱斯是自行车第一发明人是莱辛的"责任"。在达·芬奇发明论的支持者看来，对《大西洋古抄本》第133页草图的最简单、最直接的解释是：这是因为人类知识的传播可能存在断层。画这幅素描的人看过一本古书，或受他人影响，而现今这本书已经失传。要知道，13世纪的罗杰·培根提到了一本介绍古人的机械和其他古代奇迹的书，其中记载了一辆没有马就可以自己行走的车辆，就像列奥纳多·达·芬奇在他一本笔记本中提到的以弹簧驱动的小机器。一个稳定行走的两轮车在15世纪出现不是没有可能。

1998年，卡洛·佩德雷蒂通过电话告诉一名法国记者，在非密封的《大西洋古抄本》第133页上所进行的"年代测试"证明，该草图的绘制材料源于19世纪和20世纪，而不是"从1492年开始"。可惜的是，这一研究结论并没有给出可靠的注释来源。

莱辛曾经提出，最直接的验证方法就是对于《大西洋古抄本》第133页背面所"发现"的涂鸦所使用的墨迹材料进行年代鉴定。但很不幸的是，这份手稿的持有者，梵蒂冈方面不仅没有同意这一"并不友好"的鉴定请求，而且将该页用塑料材质加以密封保存。一般而言，只有针对破损的珍贵文档才会采取这种保存方法，而《大西洋古抄本》第133页被密封保存，给了达·芬奇是自行车的第一发明人的质疑者更多的理由相信，这张草图是伪作。

由于掺杂了非技术因素，关于达·芬奇与自行车的发明，变成了疑团重重的糊涂账，基本上不大可能厘清。但不能不说，最需要这份第一发明人荣誉的，可能真的不是达·芬奇本人，而是他的后世同胞们，所以让我们搁置争议，把这个关于文艺复兴巨匠与自行车的故事，当作趣闻轶事来看待吧。

中国，自行车技术的最早发明国？

西方有一句谚语："不要发明自行车"。这句话无非是说，在科学技术方面，对于别人已经发明出来，并且已经搞得很完善的东西，学过来用就行了，不必白费心思从头干起，再"发明"一次。然而悖论的是，"不要发明自行车"这句谚语，在"自行车"这一机械装置自身的技术史上就很不适用。在专利制度完善之前，欧美各国的技术人员都存在互相重复发明的问题。而在中国，也有诸多例证可以证明，中国很可能是自行车技术的最早发明国。

◆ 王徵：图说"自行车"

"自行车"一词最早出现在中国典籍之中应该始自于明朝末年王徵所著的《新制诸器图说》一书中。

王徵（1571年—1644年），陕西泾阳人，他青年时就热衷于以奇巧的机械技术解决实际问题。万历四十三年（1615年）后，在与天主教来华传教士的交往过程中，王徵受到欧洲机械钟表原理的启发，设计发明了自行车、自行磨等机械，并觉得"学问工夫，颇觉实落，思致想头，颇觉圆活"。

王徵在该书中解说自己发明的自行车结构原理为：

车之行地者，轮凡四，前两轮各有轴，轴无齿。后两轮高于前轮一倍，共一轴，轮死轴上，轴中有齿六，皆坚铁为之，即于轴齿之上悬安催轮凡四，名之甲乙丙丁。丁齿二十四，丙三十六，乙四十八，甲六十。甲轴无齿。乙丙丁各轴有齿，齿皆六。甲轮以次相催，而丁催轴齿则车行矣。甲轮之所以能动者，惟有一机承重。愈重愈行之速，无重则反不能动也。重之力尽，则复有一机幹之而上。倘遇不平难进之地，另有半轮催杆催之，若所称流马也者。其机难以尽笔。总之，无木牛之名而有木牛之实用；或以乘人，或以运重。人与重正其催行之机云耳。曾制小样，能自行三丈。若作大者，可行三里。如依其法，重力垂尽，复幹而上，则其行当无量也。此车必口授轮人始可作，故亦不能详为之说，而特记其大略若此云。

在《新制诸器图说》一书中，王徵不仅论述"自行车"之结构原理，还附有一幅自绘的"自行车"图。结合王徵所述原理与所画之图解，这个"无木牛之名而有木牛之实用"的"自行车"符合自行、载人、载物的特点。

至于它是否真能运作其功能，则是很值得探讨的问题。因为这种自行车既不能很好地控制行进的速度，也不能随时随地改变方向，它无法达到人力或畜力兵车所具有的功能优势。所以，王徵设计的自行车仅停留在小样的试制上，与实际应用尚有不小的距离。没有任何文献记载，王徵所设计"自行车"曾被投入使用。

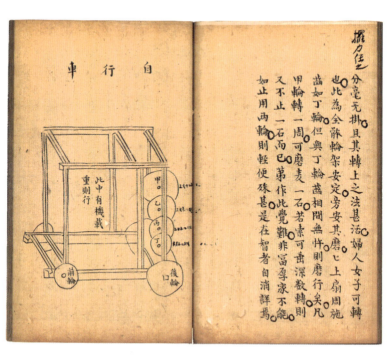

車行自

此中有機載
重則行

甲 乙 丙 丁

前輪 後輪

擺之住之

分毫无掛其其轉上之法甚活婦人女子可轉
也此為全賴輪架安定旁安其磨匕上扇周施
齒如丁輪但與丁輪齒相間無忤則磨行矣凡
甲輪轉一周可磨麥一石若素可舂深數轉則
又不止一石而巳弟作此覺難非富厚家不能
如止用兩輪則輕便殊甚是在智者自消詳焉

王徵《新制诸器图说》中描绘的"自行车"

王徵的设计虽然未必实用，但他恰好处于世界上自动车辆从草图到实用的中间时期，在机械史中仍不失其意义。

◆ 黄履庄的"双轮小车"

相比仅限于图说阶段的王徵"自行车"，论证中国是自行车技术最早发明国度时最常被引证的，是黄履庄与他发明的双轮小车。

黄履庄，江苏人，生于清顺治十三年（1656年），生平事迹见于文献记载者不多，仅有其姑表兄弟戴榕所撰的《黄履庄小传》一文，载于清康熙二十二年（1683年）由张潮刊刻的《虞初新志》之中（见本章附录）；另外清代吴陈琬的《旷园杂志》有一则关于他发明机械狗的记载。上述两篇文字是迄今为止关于黄履庄所仅见的两则史料，之后所有讲述黄履庄的故事皆从这两则史料演绎而来。

黄履庄的逝世时间不详。按照中国的文化传统，人已故去，方为之作传。由此推测，黄履庄最多只活了二十八岁。作为一名科学家，黄履庄在其有限的人生中曾设计制造出验冷热器、验燥湿器、瑞光镜等光学仪器，著有《奇器目略》一书。

根据戴榕（文昭）的《黄履庄小传》（载张潮《虞初新志》卷六）记载，黄履庄自幼聪颖，"读书不数过即能背诵，尤喜出新意，作诸技巧"。七八岁时，就能雕琢"木人长寸许，置案上能自行走，手足皆自动"。十岁丧父后，不得已寄居广陵（今江苏扬州）外祖父家。到广陵后，"因闻泰西几何比例、轮捩机轴之学，而其巧因以益进"，所制之"奇器"，"见者多竞出重价求购"，引起时人的关注。

黄履庄所制的"奇器"很多。《黄履庄小传》附有"奇器目略"，据称是根据黄履庄《奇器目略》摘录而成。张潮在刊刻《虞初新志》时曾说道："原本《奇器目略》颇详，兹偶录数条，以见一斑。"黄履庄原著的《奇器目略》恐已散佚，但由《小传》后所附"奇器目略"可知，黄履庄制作的奇器很多，知其名称者就有六类33种，并多有新意。这六类分别是：

> 验器，冷热燥湿皆以肤验，而不可以目验者，今则以目验之。
>
> 诸镜，德之崇卑，惟友见之，面之妍媸，惟镜见之，镜之用止于见己，而亦可以见物，故作诸镜以广之。

诸画，画以饰观，或平面而见为深远，或一面而见为多面，皆画之变也。

玩器，器虽玩而理则诚，夫玩以理出，君子亦无废乎玩矣。

水法，农必藉水而成，水之用大矣，而亦可为诸玩，作水器。

造器之器，工欲善其事，必先利其器，况目中所列诸器，有非寻常斤斧所能造者，作造器之器。

若细分类，黄履庄所制之双轮小车当属于上述六类奇器中的玩器。据《黄履庄小传》的记载，黄履庄曾"作双轮小车一辆，长三尺许，约可坐一人，不烦推挽能自行。行住，以手挽轴旁曲拐，则复行如初。随住随挽，日足行八十里"。

这段简要的文字好似"双轮小车"的使用说明书。据猜测，小车的结构大体上是这样的：它的两个轮子前后放置，分别固定在前后轴上，轴可自由转动。前轮为驱动轮，其轴与一"曲拐"相连接。后轮为从动轮，其轴与座位相连接。考虑到座位不能过低和行走时重心不宜过高，后轮半径可能大于前轮半径。这辆"双轮小车"是早期的手动前轮驱动的自行车，可以说是近代自行车的雏形。

张潮刊刻的《虞初新志》卷六中《黄履庄小传》的记载，之后被《清朝野史大观》卷十一收录，从而为更多人认识和引用，广为流传，对后世产生了深远的影响。以至于有中国作者认为："早在清康熙年间（1662年—1722年），我国就有人设计自行车……这比法国人斯拉克夫发明的自行车早半个多世纪，比德国斯图加特市'两轮车博物馆'展出的人类第一辆自行车早问世一百多年。"

其实，无论是王徵和黄履庄，他们的发明创制都仅限文字记录，连图版都近乎于无，因此难以取证。然而诞生于明末清初的"自行车"和"双轮小车"，见证了那个时代中国科学技术与创造性思维所能达到的高度，也传递出这样一个事实：无论是在欧洲、美洲，还是在亚洲的中国，人们都在利用自己的聪明智慧追求和探索，以发明出更好的器物，方便人类的生活，延伸人类的能力。就这一点而言，我们绝不吝惜给予王徵和黄履庄掌声与敬意。

竞争激烈的"第一发明人"

一千个观众心目中有一千个哈姆雷特，这是可能的；一百个国家心目中，有一百个自行车最早发明者，这怎么可能？出于民族自豪感而诞生的自行车发明传说，并不限于大名鼎鼎的达·芬奇，在世界上许多国家，都流传着这样貌似真相的故事，但绝大多数，根本站不住脚。

◆ **臆造的"赛列何塞"**

除了意大利人和中国人，法国人也有一个关于自行车源起本国的故事。在这个故事里，1791年，不借助任何其他力量的帮助，人类快速、持久的自由行动的设想才有了第一个"实用"的形式。

法国记者、科普作家路易·博德里·德·索尼耶（Louis Baudry de Saunier）在1891年出版的《骑自行车：理论与实践》（*Le cyclisme théorique et pratique*）一书中写道：

> 根据研究考证，一个名为希布拉克的法国人，在两个一样大小的车轮中间架上一个木板，制成一辆蛇形的木制自行车，给其起名为"赛列何塞"（célérifère）。这辆木制的自行车没有驱动装置，也没有把手来操控方向，只能靠骑车人不断用双脚蹬地在一条直线上前进。

通常情况下，索尼耶会在他的书中给出研究出

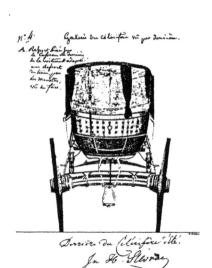

处，但"塞列何塞"这项发明创作却并没有。

希布拉克骑着这辆"赛列何塞"在巴黎大街上来回奔跑，令行人频频侧目。当时，人们称这种木马车为"休闲马"。此后，人们依据自己的喜好，不断修饰着车的外形。有的把托架雕成一条龙。有的把它刻成一头狮子。这种早期的自行车更像是大型玩物。没过多久就令人索然无味了。

索尼耶的书影响很大，后来有不少人按照书中描述打造想象中的"赛列何塞"。这些实物一度在各国博物馆中陈列，被视为近代自行车的鼻祖。

但也有研究认为，的确有过四轮的"赛列何塞"，但所谓两轮的"赛列何塞"根本不存在。之所以出现两轮的"赛列何塞"，是由于索尼耶在1891年的误译。

自行车研究者托尼·哈兰德（Tony Hadland）与莱辛合著的研究著作中，曾经直言不讳地指出：这种没有转向功能的双轮自行车不可能长时间保持平衡，尤其是对于没有经验的骑车人而言。这两位自行车研究者进而认为，是普法战争中法国割地赔款的耻辱民族记忆，促使索尼耶在自己书中编造了希

左页 一些被证明是后人伪托的『自行车』发明，右上是法国人自称存在过的『赛列何塞』，右中图是被人恶意作伪的《小天使云上行车图》

斯托克波吉斯教堂中真实的《小天使奏
乐》，可以看到骑的是独轮车而非双轮车，
两个后加的乐手根本不存在

布拉克这样一个发明家，而"赛列何塞"自然也是想象的产物，根本目的在于取代德国人德莱斯在发明自行车方面首创的功劳。正如书中所写，在19世纪60年代，法国人坚持称呼他们的德莱斯"奔跑机"是"Mon célérifère"，只是一种嘲讽而已，并不能证明"赛列何塞"在历史上真实的存在过。

◆ **天使足踏自行车？**

英国伯明翰郡的小城斯托克波吉斯（Stoke Poges）有一座教区教堂，教堂的一块彩绘玻璃上据说绘制着著名的"小天使云上行车图"。由于相邻的彩绘玻璃碎片上有1642年出产的标示，所以这块彩绘玻璃被一些科普作家认为是人类历史上最早的"自行车"图。

不过这个故事最终被专家否定了：所谓的"小天使云上行车图"里，小天使所骑的"车"跟现代自行车一点关系也没有，整个故事也是作伪和以讹传讹的结果。

原始的彩绘玻璃场景，其实是一个小天使吹着小号，骑在一辆单轮车上。但是1894年，在法国一本叫作《百科全书评论》（*Révue Encyclopédique*）的杂志上，不知道是出于什么目的，以素描形式描绘了一幅"小天使云上行车图"，原本的单轮车，被人伪作为双轮自行车，旁边甚至平白无故出现了两名身着文艺复兴时期服饰的乐手——可能作者希望增加"小天使云上行车图"的可信性。其实斯托克波吉斯教区教堂这块彩绘玻璃在1890年就有原始的素描图发表存世，这样拙劣的手法本应该很快被人识破。遗憾的是，亨利·邓肯（Henry Duncan）在1933年写的《车轮上的世界》（World on Wheels）一书中将这幅作伪的"小天使云上行车图"列入，随着这本书在全球范围传播，这个可笑的伪作也流传一时，不断被不明真相的读者引用。恶作剧、粗心鬼，总是会给真实的历史带来纷扰。

◆ 农奴造车的传说

根据1950年苏联出版的《大苏维埃百科全书》（*Great Soviet Encyclopedia*）第2卷的记载，在1800年前后，沙皇俄国也有人独立发明出了一辆原始的自行车。这个发明家，"据说是乌拉尔地区的农奴工匠菲姆·米赫耶维奇·阿尔塔蒙诺夫。这种车和现在的儿童三轮车差不多，不过它只有两个轮子，前轮要比后轮大，脚蹬连接在前轮上，可以蹬着它使前轮转动。它的车把和前叉都是直的，发明者曾骑着这辆车子，在贵族的带领下，从乌拉尔的维利赫杜耶城到莫斯科，准备在沙皇亚历山大一世加冕时把这辆车子作为献礼。在当时崎岖不平的乡间小路上，这辆车子行驶了两三千公里，由于车子是用铁制成的，辐条也很粗，所以经受住了考验而没有损坏。在隆重的加冕典礼上，沙皇和他的大臣们饶有兴趣地观看阿尔塔蒙诺夫骑着这个'怪物'进行表演"。沙皇一时兴起，还赦免了他的农奴身份，让他成为自由民。但此后，俄国的技师们似乎没有再接再厉，阿尔塔蒙诺夫制造的自行车并没有产生更广泛的影响。

阿尔塔蒙诺夫所发明的自行车的复制品，曾经在莫斯科的博物馆展出过，但在苏联解体之后，俄罗斯人又对这一发明过程进行了研究，得出的结论是：无法通过真实的档案材料进行确认，"关于这项发明的广泛使用的故事是一个文学版本，不能作为历史研究中的史料使用"。

◆ 附:《黄履庄小传》

　　黄子履庄，予姑表行也，少聪颖，读书不数过，即能背诵。尤喜出新意，作诸技巧。七八岁时，尝背塾师，暗窃匠氏刀锥，凿木人长寸许，置案上能自行走，手足皆自动，观者异以为神。十岁外，先姑父弃世，来广陵，与予同居。因闻泰西几何比例、轮捩机轴之学，而其巧因以益进。尝作小物自怡，见者多竞出重价求购。体素病，不耐人事，恶剧嬲，因竟不作，于是所制始不可多得。

所制亦多，予不能悉记。犹记其作双轮小车一辆，长三尺余，约可坐一人，不烦推挽能自行。行住，以手挽轴旁曲拐，则复行如初。随住随挽，日足行八十里。作木狗，置门侧，卷卧如常，惟人入户，触机则立吠不止。吠之声与真无二，虽黠者不能辨其为真与伪也。作木鸟，置竹笼中，能自跳舞飞鸣，鸣如画眉，凄越可听。作水器，以水置器中，水从下上射如线，高五六尺，移时不断。所作之奇俱如此，不能悉载。

有怪其奇者，疑必有异书，或有异传。而予与处者最久且狎，绝不见其书。叩其从来，亦竟无师傅，但曰："予何足奇？天地人物，皆奇器也。动者如天，静者如地，灵明者如人，赜者如万物，何莫非奇？然皆不能自奇，必有一至奇而不自奇者以为源，而且为之主宰，如画之有师，土木之有匠氏也，夫是之为至奇。"予惊其言之大，而因是亦具知黄子之奇，固自有其独悟，非一物一事求而学之者所可及也。昔人云："天非自动，必有所以动者；地非自静，必有所以静者。"黄子之奇，必得其奇之所以然乎？

黄子性简默，喜思。与予处，予尝纷然谈说，而黄子则独坐静思。观其初思求人，亦戛戛是难，既而思得，则笑舞从之。如一思碍而不得，必拥衾达旦，务得而后已焉。黄子之奇，固亦由思而得之者也，而其喜思则性出也。

黄子生丙申，于今二十八岁，其年月日时，与子生期毫发无异，亦奇也，因附书之。

附奇器目略：

一、验器：冷热燥湿皆以肤验，而不可以目验者，今则以目验之。

验冷热器：此器能诊试虚实，分别气候，证诸药之性情，其用甚广，另有专书。

验燥湿器：内有一针，能左右旋，燥则左旋，湿则右旋，毫发不爽，并可预证阴晴。

一、诸镜：德之崇卑，惟友见之；面之妍媸，惟镜见之。镜之用止于见己，而亦可以见物，故作诸镜以广之。

千里镜：大大不等。

取火镜：向太阳取火。

临画镜。

取水镜：向太阴取水。

显微镜。

多物镜。

瑞光镜：制法大小不等，大者径五六尺，夜以一灯照之，光射数里。其用甚巨，冬月人坐光中，遍体生温，如在太阳之下。

一、诸画：画以饰观，或平面而见为深远，或一面而见为多面，皆画之变也。

远视画。

旁视画。

镜中画。

管窥镜画：全不似画，以管窥之，则生动如真。

上下画：一画上下观之，则成二画。

三面画：一画三面观之，则成三画。

一、玩器：器虽玩而理则诚，夫玩以理出，

君子亦无废乎玩矣。

自动戏：内音乐俱备，不烦人力，而节奏自然。

真画：人物鸟兽，皆能自动，与真无二。

灯衢：作小屋一间，内悬灯数盏，人入其中，如至通衢大市，人烟稠杂，灯火连绵，一望数里。

自行驱暑扇：不烦人力而一室皆风。

木人掌扇。

一、水法：农必藉水而成，水之用大矣，而亦可为诸玩，作水器。

龙尾车：一人能转多车，灌田最便。

一线泉：制法不等。

柳枝泉：水上射复下，如柳枝然。

山鸟鸣：声如山鸟。

鸾凤吟：声如鸾凤。

报时水。

瀑布水。

一、造器之器：工欲善其事，必先利其器，况目中所列诸器，有非寻常斤斧所能造者，作造器之器。

方圆规矩。

就小画大规矩。

就大画小规矩。

画八角六角规矩。

造诸镜规矩。

造发条器。

张山来曰："泰西人巧思，百倍中华，岂天地灵秀之气，独钟厚彼方耶？予友梅子定九、吴子师邵，皆能通乎其术。今又有黄子履庄，可见华人之巧，未尝或让于彼，只因不欲以技艺成名，且复竭其心思于富贵利达，不能旁及诸技，是以巧思逊泰西一筹耳。"

原本奇器目略颇详，兹偶录数条，以见一斑云。

（摘自张潮《虞初新志》卷六）

第
二
章

"奔跑"吧人类

| 自 1817 年始 |

前有意大利人达·芬奇的奇思妙想，后有中国王徵、黄履庄所研发的"自行车""双轮小车"，自行车技术发展史最初的三百年中，无论东方、西方，都不缺乏被称作自行车技术鼻祖的人，后世的人为此而考证、揣测，争吵甚至谩骂，但若是跳脱出首创光环的虚名和民族主义的束缚，仅从实用技术的角度出发，在这三百年中，我们在第一章所述的"发明创造"，没有一样是被人类社会普遍接受和利用的，它们只能留在图纸上与文献中，有名无实，徒惹争议。

自行车技术的真正起步是在19世纪初，而实际完善则要到20世纪初，前后花了近一百年的时间演进成熟。

"奔跑机"的发明者，德国人卡尔·冯·德莱斯

人类的"奔跑之旅"

　　有史可证的第一辆实用自行车是由德国人发明的。

　　1817年，德国巴登大公国领地上的一名林务官员卡尔·冯·德莱斯制造出一种改进型的两轮轮式木马，将其起名为Laufmaschine，德语意为"奔跑机"。

　　德莱斯于1785年出生在现今德国的卡尔斯鲁厄，父亲是巴登大公国的一名大法官，德莱斯本人是第一任巴登大公——卡尔·弗里德里希的教子。德莱斯在25岁那年被委任为高级林务专员，不过他本人对于本职工作并无兴趣，反倒是醉心发明创造。

　　这台"奔跑机"，并非德莱斯的第一项发明。根据德国人莱辛的研究，德莱斯在海德堡大学系统学习过技术。早在1813年，他就曾经制造出两台四轮的轮式机车，名为Fahrmaschine，意为"自行机车"。这种四轮"自行机车"没有什么图像或是原物保存下来，据德莱斯自己的描述，这是一台4至5个人使用脚踏板，后轮驱动的四轮车，"在战争时期，若是碰到

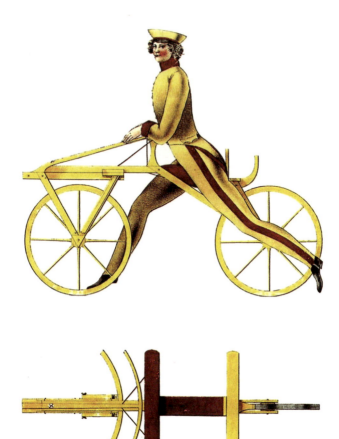

"奔跑机"的最初设计图

马匹和饲料匮乏时，该车可以用于短途的伤员运送任务"。据记载，俄国沙皇亚历山大一世借着拿破仑帝国覆灭的机会访问了欧洲大陆。在他途经卡尔斯鲁厄之际，德莱斯亲自把一台"自行机车"献给了他。在还没有成熟的专利保护机制的年代，发明家将自己的创造献给国王、领主，得到他们的认可，是取得排他性特权的一种主要手段。而亚历山大一世为此赏赐了德莱斯一枚钻石戒指，以资鼓励。

发明的成功激励了年轻的德莱斯。他认为"自行机车"在实用性上还有待加强，于是想方设法改进这项发明，以应对19世纪初欧洲大陆糟糕的路况，随着研究的深入，一台更为成熟的"奔跑机"诞生了。

德莱斯的"奔跑机"有一个木制的车架，或称主骨架，在上面用铁架安装着两个同样大小的车轮，可以通过固定在前叉顶部的一个把手让前轮作相对于车架的转动。骑车者坐在位于主骨架中点的一个鞍座上，身体前倾，靠在鞍座与把手之间的一个靠垫上，两脚轮流大步蹬地推动自己前进。"奔跑机"被公认为是真正具有实用价值的自行车，奠定了现代自行车的基本轮廓。

一幅由英国传入美国的铜版画：
德莱斯骑行在"奔跑机"上

1817年6月12日，星期四，德莱斯从他生活的城市曼海姆出发，骑着"奔跑机"，沿着巴登大公国最好的道路前往位于莱瑙地区（Rheinau，如今是曼海姆的一个区）的施韦钦根别墅（Schwetzinger），然后再折返回家，全程约7公里（4.3英里），用时不到一个小时。这次"奔跑之旅"，被认为是现代自行车的起源之旅。

　　这次实验获得了很大的成功，德莱斯立即向维也纳提出了专利申请。在巴登大公的支持下，德莱斯于1818年1月12日正式取得了专利权。为了感谢巴登大公的支持，德莱斯将自己打造的第一辆"奔跑机"涂绘成黄色和橘色，这也是巴登大公国军服的颜色。

存世至今的 1820 年德国产"奔跑机"

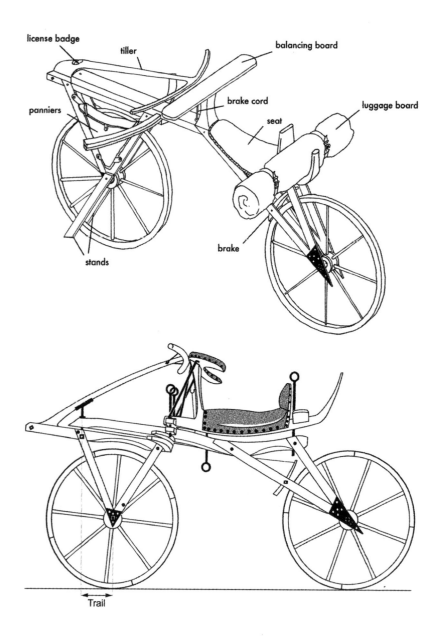

license badge

tiller

balancing board

brake cord

seat

luggage board

panniers

brake

stands

Trail

为了纪念德莱斯，后人没有用他最初定下的名字——Laufmaschine——来命名他的发明，而是以发明人德莱斯本人的名字来命名"奔跑机"，称它为：Draisine（英语、德语）或Draisienne（法语）。

火山爆发改变出行方式

"奔跑机"的奇思妙想从何而来？有传言是源自德莱斯在林间从原木滚动所得到的灵感。

1813年，德莱斯在一片林区充当森林监督员，这份工作需要整日在林区巡查。一天，在林间休息的德莱斯正好坐在一段等待运走的原木上。他一边唱着歌一边在圆木上晃动，突然感到身下的原木在随着身体摇摆，这让他突发奇想：如果能将原木向前滚动，坐在上面一定会非常省力——这可能是促使他打造一辆自己可以移动的自行车的源起。德莱斯是个心灵手巧的人，有了这份设想，很快就开始动手，边做边想。经过反复研究，他最终制造出一辆独特的交通工具：一个木架，中间有座，架前装有把手，木架下面一前一后装有两个可以滚动的圆木轮子。完工那一天，他兴高采烈地骑上木头车子，双手握把，两脚向后一蹬，轮子迅速向前滚动。然

1818年4月5日，为了推广"奔跑机"
在巴黎卢森堡公园举行的比赛

后是下一次后蹬，车子再度向前移动……就这样，德莱斯不断蹬地，木轮车飞快向前，几个一道试验的伙伴无论如何奔跑也追不上这辆车。很明显圆形物体一旦向前滚动起来，它的速度就会成倍增长。

这是关于德莱斯"奔跑机"发明灵感的传说，不过也有人说，德莱斯之所以要造这么一辆可以快速移动的车，是因为他想给自己买一匹马而不得。

作为林务官员的德莱斯，每天都要在巴登大公国广阔的林场巡查，这需要耗费他大量的时间与精力。为此他想给自己买一匹马，但很长一段时间都凑不够钱。为了既忠实于自己的职责，又能改变一下这单调而费时的巡行，他想自己制造一个工具来代替马。于是他在一段木梁上装了两个"V"型支架，支撑住了前后轮。前面的"V"形支架还可以在木梁上旋转，以改变车子的方向。当骑行时，身体的重量主要放在车座上。在硬而平坦的路上，骑行者可以缓慢地用两腿交替蹬地，车子便以很快的速度前进。

考虑到德莱斯的家庭背景，买不起马的传言也许过于离奇。但有人研究了那一时期的欧洲历史，发现这一传言确实也有一定的可信度——源头是一

巴黎街头骑"奔跑机"的年轻男女们

场亚洲的火山爆发。1815年4月，印度尼西亚巴厘岛东部的坦博拉火山大爆发。据研究表明，这次有史以来最强烈的火山爆发令地球陷入巨大的灾难，火山灰形成的巨大云层扩散至全球，遮蔽阳光，造成为期三年的全球气候变冷。1816年对于整个欧亚大陆和北美而言都是"没有夏天的一年"。欧洲大陆的农场受到霜灾的致命打击，谷物大面积歉收。而牧场的动物也因为缺乏饲料而大量死去。这一时期，欧洲的马匹价格水涨船高，这可能是让德莱斯这样出身富裕家庭的人也不能轻易买得起坐骑的原因，并进而催生了他研发"奔跑机"的念头。一场亚洲的火山爆发，促成了自行车的诞生，这真是神奇的

1818年，位于维也纳的"奔跑机"骑术学校

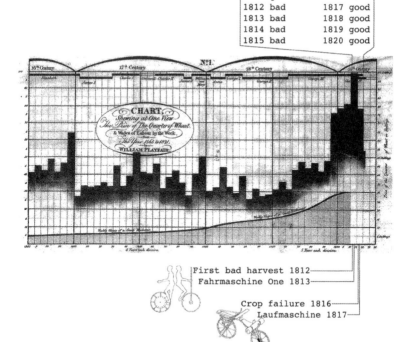

Harvests: | 1811 good | 1816 none
1812 bad | 1817 good
1813 bad | 1818 good
1814 bad | 1819 good
1815 bad | 1820 good

First bad harvest 1812
Fahrmaschine One 1813

Crop failure 1816
Laufmaschine 1817

有趣的对比——
欧洲五年小麦价格均值与自行车发明关系

因果关系。

当然，我们也要看到此时的欧洲与美洲正处于第一次工业革命之中。在经历了18世纪末法国大革命、美国独立运动、拿破仑战争及帝国瓦解等一系列的动荡后，欧洲各国进入了相对平稳的发展时期。在德国，这一历史阶段期被称为"毕德麦雅时期"（德语：Biedermeier），复辟政权当道，保守主义盛行，为了避免自由思想复燃，执政者鼓励人民纵情声乐，社会环境相对宽松。此时日益壮大的中产阶级，对于生活方式有着自己的追求，从侧面推动了社会与科学技术的发展，这一切，都是德莱斯能够发明"奔跑机"的时代背景。

冲出德国　滚动世界

"奔跑机"的最高速度可以与奔跑的马车媲美，在当时的德国贵族间流行一时，并很快流传到了法国、瑞士等国。由于19世纪不甚完备的专利制度，原始发明人德莱斯无力阻止"奔跑机"在英美等国被"再度发明"与仿造，而他本人也因为卷入了政治斗争，生活风雨飘摇，一度避居美洲。但这一切并不影响"奔跑机"在西方世界的迅速传播，自行车迎来了第一波忠实拥护者。

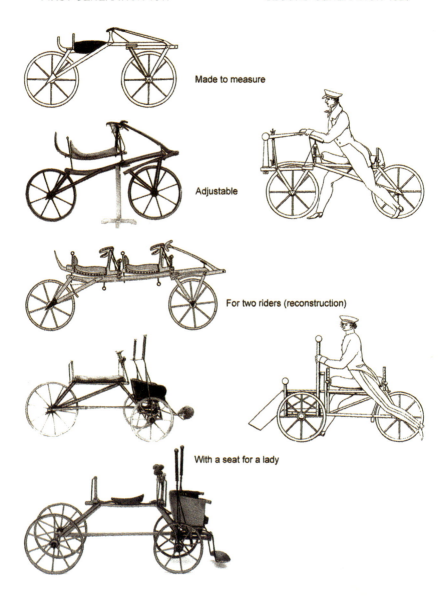

FIRST GENERATION 1817

SECOND GENERATION 1820

Made to measure

Adjustable

For two riders (reconstruction)

With a seat for a lady

◆ 法国：发明者——"仆人"

在德莱斯的时代，法国是整个欧洲的文化中心，对任何新颖、时尚的发明创造来说，若是想得到更多人的认可，从巴黎开始传播普及是条捷径。此外，法国同时又是巴登大公国的结盟国。有鉴于此，1817年底，德莱斯选择在法国再次申请专利，售出制作许可。

此时的德莱斯还是公务员，不能擅离职守前往法国。为了申请法国专利，德莱斯派了仆人前往巴黎的法国内政部。现在看来，德莱斯的仆人法语能力实在有限，他在法国内政部不断重复自己的身份是德莱斯的"diener"，德语中的"仆人"的意思，以至于接待他的办事员将发音相似的"Dineur"作为专利申请人的姓名。在后世的一些研究中，也有人认为"Dineur"是德莱斯派往法国的一位专利律师，但在那个时代，即使是法国巴黎也不存在所谓的专利律师这个职业。所以这个误注册的锅还是要由办理登记的人来背。

法国著名科学家约瑟夫·路易·盖依-吕萨克（Joseph Louis Gay-Lussac）作为专利委员会主席认可

左页
第一代与第二代『奔跑机』的对比，可以看到技术和款式都有所不同了德莱斯此项发明的创新性，给予他和"奔跑机"为期五年的专利，专利号第1842号。

在法国，德莱斯的"奔跑机"有了一个新名称——"vélocipède"（字面意思是"快速和脚掌"结合）。"Vélocipède"可能源于古老的德语表达"Schnellfusz machen"，意为"快脚"，也有"跑起来、跑走"的含义。在最初，"Vélocipède"这个称谓似乎比较流行，但随着时光推移，法国人也常常用"Draisienne"一词称呼"奔跑机"，这个词来自德莱斯的名字。

1818年3月，德莱斯的仆人和一些骑行爱好者乘坐"奔跑机"从曼海姆经斯特拉斯堡到达巴黎，这一行程距离大约300英里（483公里），德莱斯本人依然未能同行。一个月之后的4月5日，德莱斯在法国的代理人让·加尔桑（Jean Garcin）在巴黎的卢森堡公园举办了一场别开生面的"奔跑机"比赛，以推广这一新发明。至少3500人参加了这场活动，法国媒体纷纷报道——不过大家对这种新式交通工具的评价褒贬不一。1818年4月14日的《巴黎日报》（*Journal de Paris*）上说："这样一台机器的普及有望让马匹不再是奢侈品，还可以降低燕麦和干草的价格。"

1818年10月，德莱斯自己乘坐"奔跑机"从家出发，经南锡（Nancy），骑行300英里前往巴黎。他随身带着三页的传单，用"vélocipède"称呼"奔跑机"，并亲自向人们演示机器。这次旅行的原因尚不清楚，有很大的可能是德莱斯的发明在取得销售许可环节出现了问题。为了维持生意，让·加尔桑不得不向有兴趣郊游的人计时出租"奔跑机"。

但是，租赁生意并不好，因为发明人和他的法国代理人发现，越来越多未经授权的"奔跑机"复制品出现在街头，更糟糕的是，在英吉利海峡的对面，这种侵权现象比在法国更加严重。

◆ 英国：公子哥儿的马驹

根据托尼·哈兰德和莱辛的研究，早在1818年，就有一名来自曼海姆，名叫伯恩哈德·塞内（Bernhard Seine）的人带着一份"奔跑机"的传单来到英格兰萨默塞特郡的巴斯（Bath），并在当地组装了一架"奔跑机"。但这一史实仅存见于1837年的一篇名为《在"奔跑机"上》的文献中，对于"奔跑机"在英国的普及并没有更多实质性的推进。

1818 年 11 月，
英国人丹尼斯·约翰逊的专利说明图

"奔跑机"在英国的流行，要归功于该国自行车制造的先驱，丹尼斯·约翰逊（Denis Johnson）。

　　丹尼斯·约翰逊（约1760年—1833年）本是伦敦一名普通的车匠，在接触到德莱斯的"奔跑机"后，他对这一发明进行了改造。首先，他将德莱斯平直的车架改成了适合人跨骑的带弯曲弧度的造型，同时他采用了更大的轮毂，前后车叉等主要车件都以钢铁打造。这样既增加了骑行的舒适性，又保障了骑行的稳定。

　　1818年12月，丹尼斯·约翰逊将他"发明"的"奔跑机"取名为"Pedestrian Curricle"。Pedestrian是行人之意，或走或跑，不借用交通工具；而Curricle是一种颇为流行的小型马车，小到只能容下车夫和乘客一人乘坐。约翰逊将Pedestrian Curricle联合起来使用，说明自己的车辆兼有行人与马车之利，无须使用马匹，却可以如马车般快速抵达目的地。

　　约翰逊很快就在英国申请了专利。他将自己的发明描述为"一款不仅可以降低人力消耗、减少疲劳，同时可以获得更快速度的机器"。在花费了100镑后，约翰逊顺利取得了十四年的专利权。这就是19世纪初的情形，在没有国际专利协议的背景下，

丹尼斯·约翰逊于 1819 年设计的淑女自行车

任何国家的公民只需要通过不多的改动，就可以侵犯外国原始发明专利申请人的权利，而不必承担任何责任。

从1818年起，丹尼斯·约翰逊在位于伦敦朗埃克街75号的店铺中生产、贩售这种改进版的"奔跑机"。约翰逊是一个精明的商人，他不仅把自己版本的"奔跑机"售卖给年轻绅士，甚至还特地为淑女和孩子们定制车款，每辆车的售价从8到10英镑不等。这个价格，差不多等于今天的5000到6500元人民币。

相比起德莱斯和加尔桑在巴黎的惨淡经营，约翰逊在英国市场的生意简直如日中天。刚开始，他每周就差不多能卖出20辆车，而且慕名而来的客户源源不断。由于约翰逊会在每一辆自己出品的"奔跑机"（我们也可以称为"约翰逊式自行车"）的车底座上刻上罗马数字来编号，因此今天我们对他生意有多么火爆，可以有直观可靠的证据。现存的该款车型的最高数字是CCCXX，意思是"第320辆"。换句话说，约翰逊最少卖出了320辆这种自行车。

随着约翰逊式自行车的流行，人们给它取了各种外号，比如"行人加速器"（Pedestrian's

下页

描绘『戏马自行车』流行的古董漫画

HOBBY-HO

ROYAL HOBBY

The Wonderful HOBBY

AIR &c.

1819 年的英国讽刺漫画：
《走路还是骑车？上山和下山的区别》

Accelerator）、"快闪行者"（Swift Walker）等等，最知名的一个则是"戏马自行车"（Hobby-Horse），其流行程度远远高过约翰逊自己所起的"Pedestrian Curricle"。"戏马自行车"的称呼来自儿童玩具的类比，有时会简称为"Hobby"。此外，人们还管这种自行车叫"公子哥儿的马驹"（Dandy-horse），从这一绰号可以想见这款自行车最初一批骑行者的身份。他们是英国摄政时期的贵族青年，拿约翰逊式自行车当作大玩具和时尚潮流。大英博物馆现存的反映当时英国上流社会年轻人骑车游玩的讽刺漫画不下80幅，我们由此可以瞥见当时这种车在伦敦富裕阶层中曾经多么流行。

1819年，约翰逊在英国伦敦斯特兰德区和苏荷区至少开设了两家"骑术学校"，专门培训对于"戏马自行车"有兴趣的年轻人，让他们迅速掌握骑行技巧，可以充分享受这种新颖的移动器械的乐趣。

针对普遍束胸的英国女性骑车人，约翰逊在1819年5月还别出心裁在车把和车座中间设计了一款搁板，形成一个胃部支撑，方便穿着长裙的淑女更加灵活自由地骑行。

在这种种努力下，1819年的英国首都伦敦掀起

The Military Accelerator.
Particularly recommended to Cavalry Officers.

在这幅漫画中，"戏马自行车"成了骑兵的新锐
装备，在战场上所向披靡

了一场自行车狂热。当时的记者报道说：

> 我认识不少人，他们经常是一日骑车20到
> 30英里，去乡下旅行。还有一些年轻人，他们
> 甚至习惯在一周内骑60英里或更长的路程。很
> 容易看出，这项运动对爱好者的健康状况是多
> 么有益。这些骑车的年轻人通常是城市的居民，
> 所从事的业务也经常久坐不动……很有一些人
> 对于骑行技巧并不熟稔，或者出于麻痹大意，
> 难免会进出医院疗伤。但如果他们起步谨慎一
> 些，尽可能选择路况较好的方向奔跑，那么他
> 们就可以避免受伤。

不过，这场来势汹汹的自行车浪潮很快就消退
了。一方面是因为外科医生对于骑车者发出了健康
警告，认为骑车会导致各种疾病，比如疝气；另外
一方面，骑车者给自己和行人带来了太多危险：高
速、缺乏制动，同时对前进方向的掌控也不很得力
的"奔跑机"，经常会在路上撞到路边嬉戏的孩子，
或是在山路上把骑行者掀下车来，造成伤亡的消息
不断传出。很快，英国政府出台了《人行道法》，正
式禁止这些骑行者在"人行道"上骑车，违者每次
罚款2英镑。需要补充的是，"奔跑机"由于自身缺
陷而导致的事故，并不限于英国，即便是在它诞生

查尔斯·威尔逊·皮尔的自画像《艺术家在他的
博物馆中》。该画描绘了他本人，以及由他
创建的费城博物馆的内景

的德国，政府也一度下令禁止它上路，可见一样新发明在创制之初，绝不可能一帆风顺毫无阻力，只有人们不断改善技术，再加上时间，才能达到最终的成功。

◆ 美国："快闪行者"一阵风

美国媒体对于新颖科技的报道并不落后于欧洲。1817年11月7日，美国费城的一家报纸《波尔森美国每日广告商》（*Poulson's American Daily Advertiser*）中，刊登了德莱斯第一次用"奔跑机"骑行的消息，不过这一新闻并没有引发美国读者的关注。直到两年之后的1819年，"奔跑机"才第一次进入公众视野。

詹姆斯·斯图尔特（James Stewart）是马里兰州的一位乐器制造商，以制造音色完美的钢琴而闻名。1819年2月，斯图尔特在该州最大城市巴尔的摩的城市音乐厅举办了一场展览，其中就展示了一台"奔跑机"。这台展出的"奔跑机"并未标明出处，所以可能是斯图尔特从欧洲订购的，也可能是他根据广告海报，在当地找人照猫画虎仿制的。在"奔跑机"的展示牌上，斯图尔特写道："这一种全新的出行方式，结合了人类行走和马车代步两者的长处。"斯图尔特的展览并不免费，每张门票他收取25美分的参观费，约等于今天的4.6美元（折合人民币约30元），但因为展览内容新颖有趣，每天的参观者络绎不绝，以至于原本只在白天开放的展出最终还推出了夜场，观众热情可见一斑。

在众多观众里，有一个来自费城，名叫查尔斯·威尔逊·皮尔（Charles Willson Peale）的人被"奔跑机"深深吸引了。皮尔可不是一般人物，他是一位出色的画家，因为替美国独立运动领袖们，尤其是华盛顿绘制肖像画而声名远播。在皮尔的时代，各个学科的界别并不像后来那样细致，所以有才华的人物很有些文艺复兴遗风，往往是通才。皮尔本人不但是画家，还是科学家、发明家、博物学家和政治家。1805年，他参与创立了美国早期的自然与艺术博物馆——费城博物馆（当时的人们直接把该馆称为皮尔博物馆）。

皮尔第一次看见"奔跑机"时已经是78岁高龄的老人了，却依然保有一颗对新生事物强烈好奇的心。他希望拥有一台"奔跑机"，可以在皮尔博物馆中展出。为此他开始研究"奔跑机"的设计原理，又根据从英国获得的"奔跑机"的设计图（多半是约翰逊仿制的版本），请当地铁匠依样打造了一架。

这台"奔跑机"很快就成了皮尔博物馆的明星展品。皮尔的孩子们则用更轻便的木头打造了几架"奔跑机"，骑着它们上了路。渐渐地，"奔跑机"在皮尔居住的日耳曼敦（Germantown）流行开来。一个当地记者对这一现象进行了评论：

> 今年我们遭遇了金融恐慌，马饲料的价格暴涨，这几位勇敢且富有学识的绅士，向我展示了如何和马一样快地行走8英里。我们应该很高兴看到这些"动物"（指"奔跑机"）被引入这个国家……尤其是在燕麦价格已经涨到每蒲式耳63美分的当口。当然，也许周日去进行马术训练的人会越来越少。

1819年6月26日，仍然是在美国的东海岸，一个叫作威廉·克拉克森（William Clarkson）的人申请的专利被批准了。克拉克森自称直接的发明大大提高了"奔跑机"的速度，并把它命名为"快闪行者"（Swift-Walker）。不久之后，纽约市的许多公园里出现了这种"快闪行者"，而且克拉克森还跟英国人约翰逊一样建立起了"骑术学校"，教会了数百人如何正确使用"快闪行者"。

THE HOBBY HORSE, 1819.

一度在整个西方世界流行的"戏马自行车"热潮

与此同时，在波士顿、华盛顿、纽黑文（New Haven）、萨凡纳（Savannah）……全美各地纷纷出现仿制的"奔跑机"，这股自行车的热潮迅速从欧洲传到了新大陆。

不过一如欧洲，美国的第一次自行车热潮也是"其兴也勃焉，其亡也忽焉"。并非所有美国人都乐见这项新发明的普及。除了显而易见的交通隐患，"奔跑机"最大的敌人其实是传统的畜力运输行业，上至马车公司的员工，下到普通铁匠，都担心被新的交通工具抢掉饭碗。这批人不遗余力地攻击"奔跑机"，从媒体抨击到传播谣言，甚至直接动手偷盗损毁，无所不用其极。

更奇葩的批评来自美国的上流社会，他们认为"奔跑机"本质上是把人视为骡马一样的动物，一个体面人根本不该骑在这种鬼东西身上，像骡子一样用脚蹬地。

几股顽固势力合流，"奔跑机"的命运可想而知。1819年6月，英国开始限制"奔跑机"的消息传入美国，马上得到了响应。费城地方法庭援引一条旧的《人行道条例》，对一个在人行道上骑"奔跑机"的年轻人处以3美元罚款。罚款金额虽然不算很

MACMILLAN'S BICYCLE.

后人想象中的麦克米伦骑行图

大，却引发了满城风雨，最终导致当地法官下令，禁止人们在费城骑行"奔跑机"。随后，纽约、纽黑文等地的法官也做出了相似的判决。美国人不得不暂时收起热闹了没多久的"奔跑机"，等待下一轮机会。

"奔跑机"到底需要几个轮子？

就本质而言，无论是在草创阶段还是臻于完美的今天，让两个轮子的自行车在运动中保持平衡终究是需要一些勇气和技巧的，这也是德莱斯"奔跑机"被很多人诟病危险的重要原因之一。随着"奔跑机"在欧美各国相继被禁，发明家和技师们开始走上另一条人力驱动工具的研发道路，三轮或四轮自行车成了热门。

1819年5月，伦敦车匠查尔斯·卢卡斯·伯奇（Charles Lucas Birch）打造了一辆人力三轮车，取名"Velocimanipede"。这辆三轮车需要两个人同时配合才能前进，一个人在前面用脚踏动，后面一个人用手摇曲柄转动后轮，中间则留出一个高座可以供女士乘坐。伯奇把自己的发明进献给了王室。随着"奔跑机"在英国被完全禁止，伯奇又发明了多种用手来操作的三轮车、四轮车，一个名为

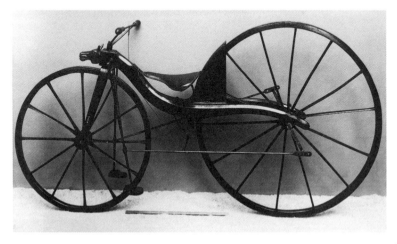

1860 年根据资料还原的麦克米伦式自行车，这是
人类历史上首次采用踏板系统驱动自行车

"Manivelociter"（载有一个操作者和一个乘客），一个名为"Bivector"（要由两个人同时操作），还有一个叫"Trivector"（需要三个人操作）。根据1819年9月发表的一份报告，Trivector可以在七小时内从伦敦抵达布莱顿，全程67英里。

另外，在伦敦的汉考克公司（Hancock & Company）还在生产一种女式三轮车，取名"Pilentum"，在后面两轮之间的曲轴上设计有踏板和手柄，方向由中心位置的手柄操控。

无论三轮还是四轮，对于自行车的发展重要性都很有限。这个时代对自行车最重要的发明，诞生在英伦三岛的北端。19世纪30年代，一名苏格兰铁匠——柯克帕特里克·麦克米伦（Kirkpatrick Macmillan）因为尝试制作三轮和四轮自行车失败，转而研发两轮自行车，他给自行车技术带来了一场革命——首次采用踏板系统驱动。

1839年，历经四年钻研后，麦克米伦成功打造出一种新型的自行车，它的特点是：前后两轮大小不等，前轮小、后轮大；自行车的前轮轴上加装了一个用连杆和曲柄连接到后轮的踏板系统，骑车人只要用脚踩动脚镫，车子就可前进。这项改进完全

索耶坐在自己打造的四轮自行车上

改变了过去骑车人用脚蹬地的驱动方式。

　　为了证明车子的实用性，麦克米伦在1842年骑车从家乡邓弗里斯（Dumfries）前往格拉斯哥，拜访自己两位当老师的兄弟，这趟旅行全程70英里，一共耗费两天时间。由于本次旅行被当地新闻广泛报道，所以麦克米伦的发明虽然没能留下实物，但可以被证明是真实存在的。

　　当然，如果有人因此认定"麦克米伦制成了世界上首辆现代意义上的自行车，自行车开始进入实用和商业制造的阶段"，那就过于夸大其词了。麦克米伦的自行车还存在着几个明显的缺点：其一，由于细长的连杆只能拉，不易推，所以在骑行时要特别注意蹬踏的节奏才能正常行驶；其二，脚蹬和立杆距前轮太近，所以在行驶中，往往会影响前轮的转向；其三，蹬踏时两腿要前后间歇地踏动踏板，而不是连续运动，这让骑行非常不方便。

　　说到实用和商业制造，这个时代最成功的三轮、四轮车制造商，不是伯奇，也不是麦克米伦，而是威拉德·索耶（Willard Sawyer）。

　　索耶1808年生于英格兰肯特郡，后来迁居多佛

VELOCIPEDE PRESENTED TO H.R.H. THE PRINCE OF WALES.

1858 年，索耶为威尔士亲王定制的四
轮自行车，售价 30 英镑，时速 8 英里

（Dover），他最初的职业是木匠。大约在1830年前后，索耶在多佛的圣詹姆斯街20号创办了"多佛奔跑机工坊"（Dover Velocipede Works），这家工坊被普遍认为是"第一家真正专业的人力驱动车辆的制造商"。

索耶发明制造了许多三轮、四轮人力驱动车，这其中有双手驱动的也有双脚驱动，还有手脚并用驱动的。在1851年伦敦举办的首届世界博览会上，索耶的发明获颁奖章，从此赢得了欧美上流社会的青睐，俄国沙皇、威尔士亲王、汉诺威王储……都成了索耶的主顾。

有了这一干贵人扶助，索耶的产品走的自然不是大众路线。1850年的一则广告上显示，索耶工坊一共有四款三轮或四轮人力驱动车辆在售，其中一等车售价15—25英镑，二等车10—14英镑，三等车5—9英镑，还有一款可供两人乘坐的车，标价15—35英镑。即便是最便宜的三等车，在当年也不是普通人家消费得起的。尽管如此，有豪门用户作为后盾的索耶自行车还是获得了很大成功，不仅接到欧洲各国的大量订单，客户还远至印度、澳大利亚和美国加利福尼亚。

不过索耶的事业没能得到一个完美的结局。几年之后，贵族老爷们对自行车失去了新鲜感，索耶的生意一落千丈。1868年，多佛当地法官裁定索耶的人力车是一种"令人讨厌的东西"，他的工坊被赶出多佛，迁址别处之后生意依然不见起色。索耶于1892年去世，此时他已经完全被世人遗忘了。

从19世纪的20年代到60年代，欧美各国涌现了一大批三轮、四轮的人力驱动车辆，很多还是名家之作，比如电动织机的发明者埃德蒙·卡特赖特（Edmund Cartwright）博士、约瑟夫·古德曼（Joseph Goodman）、马修·布朗（Matthew Brown），但这些作品都只是昙花一现，随着法国人的"米肖式"两轮自行车出现，它们迅速被淘汰了。

第
三
章

重生的米肖

| 19 世纪 60 年代 |

德莱斯的"奔跑机"在世界多个国家遭到禁用，此后人们研发的三轮、四轮自行车均未能重获欧美社会与市场的普遍认可。

半个世纪过去了，"奔跑机"看来注定要成为遭遗弃的发明，不再被记起。然而在19世纪60年代末，随着曲柄踏板被安置在"奔跑机"上，一种被称为"米肖式"的两轮自行车再现人间，这种由前轮驱动的早期自行车随着量产的实现，重新激发了年轻人的热爱，形成了真正意义上第一次"自行车热潮"（velocipede craze）。

重启自行车的发明家们

讲清楚现代自行车技术演变初期的专利所属是

P. LALLEMENT.
VELOCIPEDE.

No. 59,915.   Patented Nov. 20, 1866.

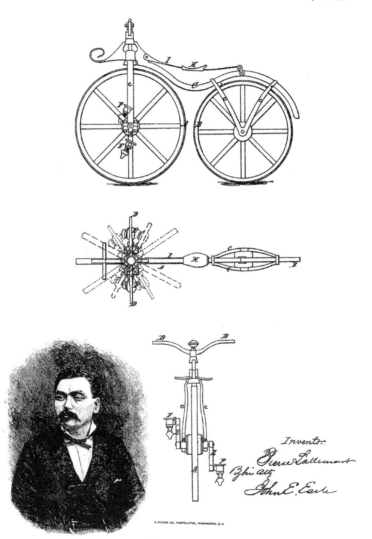

Inventor:
Pierre Lallement
By his atty
John E. Earle

一件很难的事儿。

在上一章里，我们提到曲柄应用于自行车始于1839年的苏格兰；而带有单个曲柄来驱动前轮的三轮车，起源于1855年至1860年左右；至于第一辆前轮驱动的曲柄自行车，很有可能是在1862年左右被研制成功的。

可是，到底是谁将上述发明整合、改进，最终成为我们熟悉的"米肖式"自行车的人，也许是一个永远解不开的历史难题。

◆ 皮埃尔·拉勒芒：有争议的唯一专利

最终声称发明了"米肖式"自行车，并申请了专利权的人是法国人皮埃尔·拉勒芒（Pierre Lallement，1843年—1891年），事实上这也是历史上"米肖式"自行车的唯一专利。

拉勒芒出生于法国南锡附近的蓬塔穆松（Pont-à-Mousson）。1861年，18岁的他进入婴儿车制造行业。两年后，拉勒芒迁居巴黎，可能就是这段时间，他曾经被米肖家族雇用，还结识了对自行车发展影响深远的奥利维耶兄弟。1865年7月，拉勒芒离开法国，前往美国谋生，定居在康涅狄格州纽黑文的安索尼亚（Ansonia）。1866年4月，拉勒芒以"奔跑机的改进"（Improvement in Velocipedes）为名，在美国成功申请一款新自行车的专利权，专利号No.59915。

在专利说明中，拉勒芒声称："我的发明包括两个轮子，一个轮子在另一个轮子之前，两轮之间有机械连接，以及一个导向装置。这样的安排可以保证骑车人保持自己在两轮之上的平衡。"这份专利说明中附有设计图纸，从图纸上看，拉勒芒的发明跟法国人皮埃尔·米肖（Pierre Michaux）声称发明并制造的第一代"米肖式"自行车并没有什么不同，不过拉勒芒始终强调自己的发明是原创性的，没有抄袭米肖的发明，这一主张获得美国自行车研究专家戴维·赫利希（David Herlihy）的力挺。

在获得发明专利权后，拉勒芒于1869年2月将其出售给了纽约的马车制造商卡尔·威蒂（Calvin Witty）。十年之后，这份专利落到了商人阿尔伯特·波普（Albert Pope）手里。在波普和威蒂看来，这一专利赋予他们权利，可以覆盖全美，甚至可以追索全世界在售的"米肖式"自行车，随之而来的是一系列的专利诉讼。1882年，波普公司起诉麦基

骑着"米肖式"自行车的埃内斯特·米肖

&哈灵顿公司侵犯自己专利权，庭审中拉勒芒出庭作证。他表示自己在1863年夏天，还就职于一家名为斯特罗麦尔的法国马车制造商时就制造了一个不能令他满意的"米肖式"自行车原型，他后来给毁掉了。1865年，他受雇于亚奎尔公司，开始制造第二台模型机，此后移民美国，在那里最终完成了设计发明。不过在后来的律师讯问中，拉勒芒承认自己曾经听说有过类似的设计。庭审记录如下：

　　问：你是否愿意发誓，关于给"奔跑机"加上曲柄的主意，到那时为止没有任何人曾经跟你说过？

　　答：在我制作我的"奔跑机"之前，我没有看到或听到任何带有曲柄的"奔跑机"的设计。我没有把我发明的机器藏在我的口袋里，而是将它放在了大道上。所有路过的人都可以看见它。而有人的确和我说过，他们见过像它一样的发明。

　　这场官司最终庭外和解，拉勒芒后来继续受雇于波普制造公司（Pope Manufacturing Company）。1891年，年仅47岁的拉勒芒在波士顿逝世。

　　为纪念拉勒芒对自行车发展的贡献，在距离他

BUREAU ET MAGASIN
19, Rue Jean-Goujon.

Ateliers
5 et 7, Cité Codot de Mauroy,
29, Av. Montaigne (Ch. Elysées).
PARIS.

15 Kilomètres
à l'heure.

15, Kilomètres
à l'heure.

MICHAUX
Breveté s.g.d.g. en France et à l'Etranger

INVENTEUR & FABRICANT DU VELOCIPÈDE A PÉDALES

Leçons gratuites aux Acquéreurs

Pour les Enfants
depuis 120 fr.
et au dessus

Pour Hommes
depuis 200fr.
et au dessus

Pour apprendre à se servir du Vélocipède, il faut qu'une personne le maintienne par derrière en le poussant, l'apprenti doit s'y tenir d'aplomb autant que possible les jambes pendantes sans mettre les pieds sur les pédales pendant deux ou trois fois, ensuite aller sur un terrain un peu en pente et se laisser descendre en se dirigeant droit devant soi; — alors vous essayez de mettre un pied sur une pédale et ensuite les deux; — en cinq ou six leçons on peut s'en bien servir.

Le VÉLOCIPÈDE *est admis dans les principaux Gymnases de France.*

T.S.V.P.

VÉLOCIPÈDES-MICHAUX

B^{té} S.G.D.G.

Prix-Courant.

	Hauteur	Prix	
Velocipèdes d'Enfants	60	100	
	70	125	
	75	150	
Velocipèdes d'Hommes et Jeunes Gens	80	180	225
	85	200	250
	90	200	250
	95	210	260
	100	230	280

Avec frein

ACCESSOIRES DIVERS
Pour tous les Vélocipèdes.

Manches Caoutchouc.
    „   bois durcis.
Lanternes.
Porte-Manteau
Dossiers de voyage

Pédales avec ou sans patent
Selles peau de truie.
Selle caoutchouc gonflé
Chiffres.
Armoiries.

VELOCIPÈDES MASSIFS
Bronze d'Aluminium,
Prix 1000 fr.

Velocipèdes montés sur coussinets de bronze, manivelles à coulisses, gouvernail à coussinets, pédales bronze...............300 fr.

Les mêmes ferrures polies.................................400 fr.

Pour faire une commande indiquer la mesure de la longueur des Jambes & la peinture que l'on préfère.

Les grandeurs des Vélocipèdes sont mesurées sur le diamètre de la roue motrice.

一辆传世的"米肖式"自行车，可以清晰看到侧面结构

最后住所不远处的波士顿西南走廊公园有一条3.5英里长的自行车道以他的名字命名。1998年，一座纪念他的纪念碑竖立在了纽黑文。2005年，他入选了"美国自行车名人堂"（United States Bicycling Hall of Fame）。

至于购买了拉勒芒专利并在官司中胜出的波普，对于自行车在美国的发展作出的贡献同样被载入史册。关于他的故事，我们在下文还会讲到。

◆ 米肖家族："连续脚蹬踏板"的突破

尽管皮埃尔·拉勒芒声称自己对于前轮驱动的改进款"奔跑机"拥有原创发明权，并且确实拥有唯一的技术专利，但在自行车专业领域，绝大多数人还是认为：法国的米肖家族才是这种自行车真正的发明人。正是由于米肖父子的功劳，使得这一发明得以量产，从而让一度沉寂的自行车真正流行起来。

皮埃尔·米肖（1813年—1883），铁匠、马车修理工，生于法国东北部的巴勒迪克（Bar-le-Duc），后迁居巴黎。种种历史资料表明是他和他的大儿子埃内斯特·米肖（Ernest Michaux）一起，将"奔跑机"改为前轮驱动，简化结构，在其基础上制

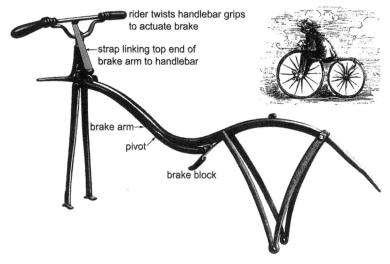

rider twists handlebar grips to actuate brake

strap linking top end of brake arm to handlebar

brake arm→

pivot

brake block

第一代"米肖式"自行车的车把布局结构图

作出一辆前轮大后轮小的自行车，并称呼它为"vélocipède à pédales"。"Vélocipède"一词由拉丁文"快"和"步行人"两个词组成，而pédales指的是"脚蹬踏板"，合在一起就是"带着踏板的自行车"。这在今天看来似乎过于累赘了，但它凸显了"米肖式"自行车在技术上的巨大突破——在驱动车辆时，骑车人的腿部可以连续脚蹬踏板前进。

1893年，为纪念米肖家族的伟大发明，其出生地巴勒迪克计划为其修筑一座纪念碑。为此，皮埃尔尚在世的儿子亨利·米肖（Henry Michaux）在1893年3月23日的法国《光年日报》（L'Eclair）刊文，回忆了父亲与哥哥发明自行车的情景：

> 1861年3月，布吕内尔先生——他家的帽子工坊位于巴黎维埃耶路——把他的"奔跑机"带到我父亲那里，要求修复它不那么好用的前轮。当天晚上，我19岁的哥哥埃内斯特把它带到蒙田大道，试骑了一下。回来后他告诉父亲："我尽量保持自己的平衡状态，但是那令人疲惫，就跟让我双脚抬起，用脚蹬地一样累。我父亲说："只需要把两个小脚蹬放在前轮上，蹬起来同时保持平衡，然后把脚放在脚蹬上，这样就会好得多了。或者还有更好的办法，除了

放置脚蹬，另外再将一个曲轴安装到轮毂中，让它像转动磨石一样转动。

另一个关于米肖是该项技术发明者的证据来自勒内·奥利维耶（René Olivier），他后来一度与米肖家族成为合作伙伴，一起生产"米肖式"自行车。他在1869年写道：

> 好些年前，有一位工人就曾想将曲柄安装到一辆破旧的"奔跑机"里面。我不知道米肖先生（指的是皮埃尔）的儿子是否了解这一方案。可以肯定的是，埃内斯特当时手边有一辆三轮车，前轮是装有曲柄的那种。他把它拆开，改变成了一辆两轮车。这是他做过的唯一一项发明，就是将一辆装有曲柄的三轮车，改造成一辆带曲柄的自行车。

此时的奥利维耶兄弟跟米肖家族的合作已经破裂，甚至一度闹上法庭，所以这段描述的语气可以说相当不客气，但还是证明了"米肖式"自行车的诞生确实要归功于米肖家族。与亨利·米肖多年后的回忆不同，勒内·奥利维耶认定米肖父子是通过改装一辆三轮自行车而获得了这项发明的灵感。

无论上述回忆哪一种更接近历史真相，米肖父子都会以"米肖式"自行车发明人的身份载入史册。我们至今还可以在一份1868年"米肖式"自行车广告上读到"米肖是带踏板的奔跑机的发明者和制造商"字样，当然，这里的"米肖"没有说明父亲还是儿子。其实在奥利维耶兄弟帮助下，米肖家族确实就自己的发明去申请过专利，甚至宣称这项发明可以追溯到1855年，但这一申请从未被批准，因此皮埃尔·米肖从来没有拥有过"米肖式"自行车的发明专利。

奥利维耶兄弟：技术与经营齐飞

　　第一代的"米肖式"自行车非常接近德莱斯的"奔跑机"，只不过是在前轮放置了曲柄和踏板。整个车架为蛇形设计，这是因为车轮的尺寸比较大，为了让骑车人可以在停车时脚踏到地面，不能不设计一种凹陷的车座，让高度更低。但如此低的车座，必然造成蹬踏前轮的踏板较为费力。

　　这种自行车的整车车架是由锻铸铁打造，虽然没有锻钢坚韧，但这一材质比木头和铸铁都要更好。轮子是木制的、轮胎是铁质。车把与后轮有金属制动杆连接。最早的设计是车前轮上方有一个腿部支

奥利维耶兄弟的"巴黎人公司"工厂内景

撑，以便在下坡时骑车人可以将腿保持在旋转踏板上方。

米肖家虽然开发出了新型自行车，但毕竟只是手工匠人，只能手工打造有限的几辆同类款式贩卖，很难打开局面。真正让这种自行车大行其道的，是来自法国南部的富家子弟奥利维耶兄弟——勒内·奥利维耶与艾梅·奥利维耶（Aimé Olivier），是他们的加入，改变了自行车只能出自手工艺者，且产量稀少的局面。

最早接触到"米肖式"自行车的是哥哥勒内，他和同在巴黎读书的同学乔治-阿尔弗雷德·德·拉·布格利斯（Georges-Alfred de La Bouglise）最迟在1864年就骑行了"米肖式"自行车，用他们自己的话说——他们"疯狂"地喜欢上这个机器，并敏锐地观察到其具备巨大的市场潜力。勒内将"米肖式"自行车介绍给自己的弟弟艾梅。1865年8月，勒内、艾梅和布格利斯决定使用"米肖式"自行车进行一次长途旅行。他们从巴黎出发，前往差不多800公里之外的阿维尼翁，探望奥利维耶家的亲戚。这是一场前所未有的远距离骑行，沿途小镇的居民时常会追着三位骑手一路奔跑，只为看清这种古怪的交通工具。出于某种不明原因，布格利斯中

奥利维耶兄弟的"巴黎人公司"工厂在
很长一段时间里是法国最重要的自行车制造商

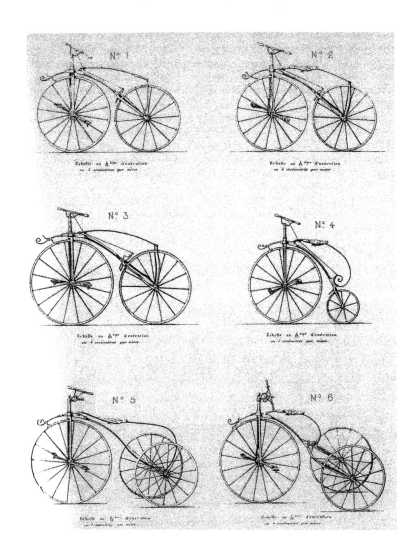

"米肖式"自行车面市后激发了很多机械师的灵感
这是 1870 年之前多种发明专利的图样

途退出了旅行，但奥利维耶兄弟坚持到了最后。他们走走停停，耗时八天抵达了旅行的目的地。最后的200公里是在23小时之内完成的，堪称是马拉松式的艰苦胜利。奥利维耶兄弟也因为这次传奇旅行被史册铭记。2015年8月，七位自行车爱好者骑着复制的"米肖式"自行车重走这一征途，向奥利维耶兄弟致敬。

奥利维耶兄弟的父亲朱尔在里昂经营着一家化工厂。他亲眼见证了"米肖式"自行车的优势，最终被儿子们说服资助这项新发明。而根据历史档案，奥利维耶家的姻亲——马赛一家船厂的老板——让-巴蒂斯塔·帕斯特雷在这项发明上投的钱可能更多。无论如何，奥利维耶兄弟很快就筹措到了大量资金（两次共注资66000法郎），米肖家族则以技术入股（大概有24%的份额），1868年5月，"米肖公司"（Michaux et Cie）成立，开始批量生产"米肖式"自行车。这家公司雇用60名员工，日产量为12辆，单车售价200法郎。

需要指出的是，奥利维耶兄弟的角色不只是投资人，他们对于"米肖式"自行车的改进有着自己的想法，在新公司获得的法国专利（专利号86037）中，不少内容其实来自奥利维耶兄弟。比如第二代

"米肖式"自行车采用的更轻的带有滑轮的绳索式制动器，材质上用熟铁取代锻铸铁，后车叉的对角线车架设计，长度可以调节的开槽曲柄，自润滑的车轴，带有内置油箱的自动扶正踏……都是兄弟俩的创制。

也许正是因为奥利维耶兄弟太有想法，不甘于只做投资人，他们跟米肖家族的合作很快出现了裂痕。双方的合作维持了不到一年，就在自行车设计上产生了不可调和的矛盾。奥利维耶兄弟解散了"米肖公司"，于1869年6月成立了新的"巴黎人踏板自行车公司"（La Compagnie Parisienne des Vélocipèdes）。这家新公司的工人超过三百人，日产量在100至200辆之间。由于自行车供不应求，奥利维耶兄弟不得不在各个省份设立分厂。

而米肖家也不甘示弱，与其他合伙人另创了新公司。奥利维耶兄弟有钱有势，一纸诉状把米肖家族告上法庭，击垮了他们的新公司，最终导致米肖家族破产。

根据后人研究，米肖公司（1868年5月—1869年3月）一共生产了1860辆第一代及第二代"米肖式"自行车，奥利维耶兄弟的"巴黎人踏板自行车公司"（1869年4月—1874年）生产了2940辆第二代"米肖

VÉLOCIPÈDES
für Erwachsene und Kinder
aus der Fabrik von
J. KOTTMANN
in OEHRINGEN
WÜRTTEMBERG.

Geschwindigkeit 4 Stunden oder 15 Kilometer in einer Stunde.

Sämmtliche Vélocipèdes sind dauerhaft und solid gebaut, elegant lakirt, mit Bremse, elastischen gepolsterten Sattel und verstellbaren Fusstritten.

Bei Bestellungen bitte ich das Längenmaass der Beine im Schritt gemessen anzugeben.

Bestellungen werden möglichst prompt effectuirt.

Vélocipède mit 2 Rädern in 6 Grössen. Fig. I.

Vélocipède mit 2 Rädern, verstellbarem Sattel u. Patentfusstritten in 6 Grössen. Fig. 2.

Vélocipède mit 3 Rädern in 4 Grössen, Kurbelbewegung für 1 u. 2 Personen. Fig. IV.

Vélocipède mit 3 Rädern in 6 Grössen für 1 Person. Fig. III.

一份德国"米肖式"自行车的产品传单

式"自行车，至于米肖家族成立的新公司（1869年6月—1870年3月）一共生产了324辆第二代"米肖式"自行车。以上数据不包括米肖家族在前期手工制造的第一代"米肖式"自行车，以及皮埃尔·拉勒芒在美国生产的自行车。

自行车引发的出行革命

虽然两个对自行车贡献巨大的家族没能携手走到最后，但是他们共同开启了自行车发展的新纪元，整个19世纪60年代，"米肖式"自行车风靡全球，极大推动了自行车技术的发展。

作为"米肖式"自行车的发源之地，法国率先成为自行车工业的发展热土。1868年，在巴黎申请的自行车专利数量仅61件，而在第二年就猛增到128件。1869年，法国出现了上百家作坊，生产"米肖式"自行车。与此同时，英国、美国、意大利、德国等国也建立起自己的自行车工业。随着自行车技术日新月异，自行车的普及程度也跨越了地域、文明与种族，像中国这样的亚洲国家，也开始有不少人学习骑行自行车。

自行车迎来了自己的第一次全球热潮。

1869 年的巴黎至鲁昂自行车赛，
这是自行车早期历史上最重要的比赛

◆ 席卷欧洲

1869年2月，法国滨海夏朗德省的马雷讷（Marennes），邮局的邮差第一次配备了自行车，这虽然只是一个孤例，却意味着自行车的普及，在法国进入了全新的阶段。其实早在1867年底，在巴黎街道上撞见骑着"米肖式"自行车飞驰的人就不再是新闻了，而且这种景象很快就传到了外省。那个时候，举办一场从巴黎到马赛的自行车赛，可以吸引来一百多位骑手。

1867年4月1日，巴黎世博会开门迎客。到这一年的11月3日落幕为止，这场空前的展会一共接待了9238967位参观者，包括了俄国沙皇、普鲁士国王、奥地利皇帝、奥斯曼土耳其苏丹……这是法兰西第二帝国最辉煌的时光。据记录，至少两辆"米肖式"自行车参与了本次世博会的展示，而借助世博会的影响力，"米肖式"自行车的影响力从法国传到了世界各地。

卡洛·米歇尔（Carlo Michel）被认为是第一个将"米肖式"自行车带到意大利的人。他从米肖公司购置了一辆自行车，并将它带到了离都灵不远的

1867 年 9 月 12 日，
法国《里昂信使报》刊登的自行车广告

亚历山德里亚（Alessandria）地区。不久之后，都灵体操马术俱乐部的几位成员也相继购买了若干"米肖式"自行车。到了1868年，意大利的马车制造商们纷纷开始仿制这种自行车，在都灵的瓦伦蒂诺公园，人们时常会看到骑车的市民。

在"奔跑机"的故乡巴登大公国，以及邻国符腾堡王国，前往巴黎世博会的贸易官员分别带回了订购的"米肖式"自行车，经媒体报道和博物馆展出，很快就引发了轰动。符腾堡王国的首府斯图加特，一个名为卡尔·弗里德里希·穆勒（Carl Friedrich Müller）的工匠从1868年开始经营自己的作坊，仿制"米肖式"自行车，这种作坊很快就发展到了30多家。日后汽车的发明者——卡尔·本茨，就是从斯图加特订到了一辆"米肖式"自行车，并花了两周时间学会怎么骑行。在后来的采访中，本茨表示正是从"米肖式"自行车身上，他看到了未来交通工具的方向：轻便、私人，操控自如，因此内燃机而非蒸汽机，成为他研发汽车的动力选择。事实上，本茨的第一辆车——获得专利的三轮自行机动车——正是由两辆自行车拆解拼装而成的，这跟当时绝大多数研发汽车的人不同，后者更多的是选择往马车车身上安装发动机。

1868 年，法国勃艮第地区的一场女性自行车比
赛，此类比赛除了胜负之外，衣着迷人、动作优
雅，也很重要

在另一个欧洲大国——奥匈帝国，"米肖式"自行车同样受到欢迎。该国摩拉维亚的一名家具商雅各布·托奈（Jacob Thonet），以及来自波西米亚的约瑟夫·佩夏切克（Josef Pechacek），不约而同地从巴黎订购了自行车，分别把它们引入了中欧。托奈喜欢骑着车出行，而佩夏切克更进一步，至少仿制了三辆。1868年5月16日，另一位参观巴黎世博会的奥匈帝国公民，约瑟夫·万杜里奇（Josef Vondurich）在布拉格骑着自己仿制的自行车参加了国家大剧院的奠基仪式，一时间让这个新发明的交通工具成了全城热议的焦点。

自行车的热潮还传到了荷兰，那里的数家工坊很快开始仿制"米肖式"自行车，其中比较著名的，有1868年秋天在阿姆斯特丹开张的肖特（J. T. Scholt）家族作坊，以及在代芬特尔（Deventer）的铁匠亨德里克斯·伯格（Hendricus Burgers）及其助手范·德·布尔德（Van der Beld）的作坊，后者于1869年开始出品自家的自行车。至今在荷兰，还留存有传下来40多辆本国产的"米肖式"自行车。

整个欧洲大陆都沉浸在"米肖式"的热衷中，仿制者遍布各国，但真正让自行车技术继续提升的高人，则远在英吉利海峡的对岸。

Ne forçons pas notre talent nous ne ferions rien avec grâce

e, ne plus changer d'allure

Au tournant et surtout si vous rencontrez un obstacle, évitez le !.......

A moins que celle-ci ne soit passée maîtresse dans l'art du vélocipède.

ez ni de

Enfin ne prenez qu'à la dernière extrémité un chemin pierreux ou montueux à moins que vous soyez de la force de feu vélocipède en personne.

法国人练习骑行"米肖式"自行车场面
图中骑车的少年是拿破仑三世之子，来自
上流社会的接纳是"米肖式"迅速流行的
原因之一

◆ 风靡北美

美国的东海岸几乎是与欧洲大陆同步开始了"自行车热潮"。

纽约是最早接受"自行车热潮"的城市之一。学习骑行"米肖式"自行车的骑术学校如同雨后春笋，遍地开花。据不完全统计，1869年纽约已经保有16000辆"米肖式"自行车。到了这个时候，即便市政府还打算像19世纪20年代一样禁止在人行道上骑行自行车，也已经做不到了。

巨大的市场需求，推动了美国制车人的积极性，他们不仅仅仿制欧洲款式，还精研自行车技术。1869年初，递交给专利部门的自行车专利发明达到400项以上。我们在前文说到，1866年皮埃尔·拉勒芒在美国申请了"米肖式"自行车的专利，但是当时这一专利没能带来实际业务，拉勒芒对此很失望，认定美国市场不会很快接纳他的发明，于是又一度返回巴黎谋生。出于生计，1869年他把自己的专利权转卖给了商人卡尔·威蒂。此后一段时间，威蒂跟波普联手，向美国的每一家自行车制造商伸手，要求他们支付特许使用费——每辆10美元，差不多是一辆车的一半售价，甚至连进口的"米肖式"自行车，也逃不掉这笔钱。波普和威蒂对自行车的这种专利控制，持续了差不多十年。

在这段时间里，美国人的自行车制造工艺与技术有了极大的提升，当然这离不开许多能工巧匠与工程技师的努力，比如，著名的汉隆兄弟（Hanlon brothers）。

汉隆兄弟是19世纪中叶至20世纪初期活跃在美国舞台的著名杂技演员及戏剧制作人，对美国流行娱乐产业产生过极大影响。兄弟六人都出生在英国的曼彻斯特（Manchester），分别是托马斯、乔治、威廉、阿尔弗雷德、爱德华和弗雷德里克。他们出身杂耍世家，自幼接受训练，并在演出中掺入喜剧与幻想元素，营造出一种壮观而新颖的舞台风格，因此深受美国观众喜欢。汉隆兄弟把"米肖式"自行车融入自己的表演之中，被认为是当时美国最会骑车的人。出于演出需要，他们不满足于源自法国的第一代"米肖式"自行车的设计，于是简化了车架，并将曲柄加以开槽，以达到根据骑车人腿部长度任意调节踏板的目的。汉隆兄弟把这种改进的自行车样式委托给了威蒂车厂进行生产。随着他们的表演，改进的车型传播到了美国各地，直至加拿大。

VOYAGE A LA LUNE.

汉隆兄弟在表演

像汉隆兄弟这样的改进型设计，美国还有很多。比如1869年，费城的威廉·劳巴赫博士（Dr. William Laubach）重新设计了车架，防止在前轮转向过程中车圈擦伤骑车人的腿，这一发明得到了美国专利号86235。又比如，纽约的 Pickering & Davis 公司将油管或是蒸汽管道用于自行车车架和前车叉，这样的空心设计既减轻了重量，又增加了润滑，为此获得的专利号88507。

事实上这家公司比法国的奥利维耶兄弟早三个月获得三角形踏板的专利。还有个叫威廉·雷西（William Racey）的人，索性将两辆自行车并排连接在了一起，以增加车辆的社交属性，居然也取得了专利，专利号90302。

说到"米肖式"自行车在加拿大的传播，要提到的人是佩里·杜利特尔（Perry Doolittle）。他不仅是自行车爱好者，也是多项自行车技术的发明者，被誉为"加拿大的自行车之父"。1881年到1890年之间，杜利特尔赢得了超过50个自行车比赛奖杯。此后，他又为加拿大的公路建设与汽车普及贡献了毕生精力。在杜利特尔等人的努力下，加拿大的安大略省成为北美最先普及自行车的地区。

一辆经过改造的汉隆自行车

◆ 行销东亚

"米肖式"自行车不仅流行于欧美，在万里之外的亚洲也赢得了许多知音。比如，在当时刚刚被列强轰开国门的清政府，自行车就成了最早一批进入人们生活的近代发明产品。

1866年，清朝总理衙门派遣山西襄陵知县、63岁的斌椿率其子广英及同文馆学生凤仪、张德彝、彦慧等6人前往西方诸国访问，这是近代中国第一次官派人员出国访问。同年5月7日清晨，斌椿一行抵达法国巴黎，顿时就被巴黎街头来回穿梭的这种新奇器械所吸引。"街衢游人，有只用两轮，贯以短轴，人坐轴上，足踏机关，轮自转以当车。又有只轮贯轴，两足跨轴端，踏动其机，驰行疾于奔马。"这是中国人第一次见到自行车的记录。

鸦片战争后，中国五口通商，包括上海在内的通商口岸成为接触西方近现代科技的最早通道，而迄今为止，自行车传入中国的最早证据，是1868年11月24日出版的《上海新报》：

兹见上海地方有自行车几辆，乃一人坐于

车上，一轮在前，一轮在后，人用两脚尖点地，引轮而走。又一种，人如踏动天平，亦系前后轮，转动如飞，人可省力走路。不独一人见之，想见者多矣。询之外国人，据云，外国地方马路平坦之极，有一人乘此车与马赛之，经六点钟时候，行一百三十五里之遥，车迟到半点钟功夫。因有逆风，所以后到，若非逆风，力过于马也。又闻外国水陆军营新报云，现在兵丁欲与兵官商量，皆作此车以代行路之力而养其兵之锐，且免背负行囊器械之劳，到战场，车弃一旁，兵有养息之力，易于前进，诚良法也。即中国行长路，客商尽可购而用之，无不便当矣。

这篇记录中，首先以中国人的视角介绍了这种西方发明。其实即便在欧洲，此时的自行车也依然是新创的交通工具，不过数年居然就传入中国，可见其传播力度之大。"询之外国人"之后文中，则以大量的笔墨宣扬自行车在"外国地方"的利用情形，谓之不仅"力过于马也"，而且已经装备外国军队。结语"即中国行长路，客商尽可购而用之，无不便当矣"，一语点破此文旨在推销自行车于中国。

当然，最初在中国骑自行车的都是金发碧眼的

这幅画展现了美国人在骑行学校中学习
"米肖式"自行车骑行方法的场景

A velocipede riding school as depicted in the frontispiece to volume 10 (1869) of The New York Coach-Maker's Magazine.

1868 年 12 月 19 日，《哈珀周刊》刊登的美国骑车人素描

洋人。清末文人曾朴的小说《孽海花》最早刊于光绪二十九年（1903年）的《江苏》杂志上，其中在第三回"领事馆铺张赛花会，半敦生演说西林春"中以细致的笔墨描写了英国驻沪领事馆里举办的"西人赛花会"的情景，说男主角金雯青（所影射的是清末状元洪钧）等人来到领事馆后的所见所闻：

> 一日，果然领事馆开赛花会。雯青、蕃如坐着马车前去，仍沿黄浦到汉壁礼路，就是后园门口，见门外立着巡捕四人，草地停着几十辆马车，有西人上来问讯。二人照例各输了洋一元，发给凭照一纸，迤逦进门，踏着一片绿云细草，两旁矮树交叉，转过数弯，忽见洋楼高耸，四面铁窗洞开，有多少中西人倚着眺望。楼下门口，青漆铁栏杆外，复靠着数十辆自由车。

《孽海花》虽为小说，但人物、生活却多取材于历史事实，上文中所记述英国驻沪领事馆中"靠着数十辆自由车"一节，还是比较符合当时的历史情境的。1875年，《万国公报》有载文曰："自行车，西人所创，上海行亦有年。"《图画新报》亦有佐证记载，19世纪80年代，"西人喜用脚踏车，取其迅疾也。近闻美国自造者不敷所用，故向英国购买，约

Velocipede 牌烟草广告（1874 年）与 Velocipede
牌头油广告（1869 年），画面的女性均骑着最流行的"米
肖式"自行车

值洋一万元云。"

19世纪60年代，自行车经由西人带入中国，骑行者系侨居中国的西方传教士、商人，为数甚少，如何输入中国不得而知，应由个人带入，并非商业行为。中国海关各口进口洋货统计资料中并不见记载。直到清光绪十一年（1885年），上海的外商才开始批量进口自行车。《上海日用工业品商业志》中对自行车进口起始状况有如下记录："英商怡和、德商禅臣、法商礼康等洋行将自行车及零件列为'五金杂货类'输入上海，到19世纪末在上海已有广泛市场。"

其实与中国几乎同步引入自行车还有东亚的日本，20世纪初日本的自行车工业迅速崛起，成为世界自行车技术发展史上一个重要部分，这当然是后话。

1869 年，名为《少女布兰奇·安提尼和她的自
行车》的画作，布兰奇·安提尼是法国当时的知
名的演员和模特

高轮的荣光

| 19 世纪 70 年代 |

自行车的发明、技术创新与第一轮"自行车热潮"的中心，都位于欧洲大陆。但随着1870年普法战争的爆发，几个主要自行车生产大国都在忙于打仗，无心发展自行车工业。特别是战败的法国，刚刚兴起的自行车行业几乎遭遇灭顶之灾，奥利维耶兄弟的公司就在战后因欠债百万法郎而倒闭了。此时，世界自行车技术和工业的重心，逐渐由欧洲大陆转移至独居海上的英国。

19世纪后半期，英国正处于"维多利亚时代"，这是日不落帝国的巅峰。面对自行车良好的市场前景，一批英国机械师加入了自行车技术的研发队伍之中，橡胶轮胎、滚珠轴承、张力辐条……各种发明相继问世，并应用于工业生产，由此诞生的高轮自行车流行全球。在这个时代，人们甚至用"通用

罗莱·特纳正在骑车，摄于 1869 年 5 月

自行车"（Ordinary Bicycle）来指代这种造型特色鲜明的自行车，其受欢迎程度可见一斑。

跨越英吉利

"米肖式"自行车第一次跨过英吉利海峡，依然是源自1867年的巴黎世界博览会。英国考文垂缝纫机公司（Coventry Sewing Machine Company）常驻巴黎代表罗莱·特纳（Rowley B. Turner）在这次展会上接触到了"米肖式"自行车。第二年秋天，他购买了一辆，并在巴黎学会了如何骑行。此后特纳把车带回英格兰，时常在自己朋友查尔斯·斯宾塞（Charles Spencer）开在伦敦的健身房里展示自己高超的车技。在观看特纳表演的观众中，有一位同样来自考文垂的机械师约翰·梅奥尔（John Mayall），他是英国著名摄影师约翰·雅比兹·埃德温·梅奥尔的儿子。小梅奥尔为后人留下了第一次观看"米肖式"自行车骑行时的感受：

> 我们（观众）大概有六个人。我永远不会忘记特纳先生坐在一对车轮的横杠上，却能保持平衡并在房间里不断旋转的场景。我们都蠢蠢地以为，特纳先生一定会摔倒，或是不得不跳下车来。然而出乎意料的是，他不是用脚将

车停下，而是慢慢降速，不断沿对角线方向摆动前轮，保持了两轮平衡状态好一会儿。

特纳很快就有了同好者陪伴。1869年2月，他和梅奥尔、查尔斯·斯宾塞三个人开始了一场从伦敦到布莱顿（Brighton）的自行车长途旅行，《泰晤士报》派出随行记者，对本次骑行全程跟踪采访，并在1869年2月19日的《泰晤士报》上报道了本次旅行，这是"米肖式"自行车第一次进入英国公众的视野。

特纳最重要的支持者，是他的叔叔，也是考文垂缝纫机公司的老板约西亚·特纳（Josiah Turner），后者相信这种新技术可以带来广阔的市场，决定1869年在自己厂里制造400辆"米肖式"自行车。事实证明这是明智之举，这些产品不仅打开了英国市场，甚至出口到了法国。眼看初战成功，约西亚·特纳将自己公司的名字从"考文垂缝纫机公司"更名为"考文垂机械师公司"（Coventry Machinist Company），开始大量生产一款商标名为"Vélocipèdes Américaines"的"米肖式"自行车。

随着普法战争的爆发，法国自行车从市场上消失了很长一段时间。而"考文垂机械师公司"的"Vélocipèdes Américaines"牌自行车质量上乘，迅速成为消费者的宠儿，占领了全欧的市场。就这样，特纳家族为日后英国自行车工业的崛起进行了必不可少的铺垫，但首先，是让自行车在英国开始流行。

　　此时的"米肖式"自行车通常采用铁质车架，这样不仅减轻了自行车的重量，也使得自行车的设计感更强，更优雅。但采用这一设计的自行车虽然在行驶速度上有很大的提升，安全性能却很差，极易跌倒。在英国，这种铁架、铁轮的自行车很快就赢得一个绰号——"震骨器"（boneshaker），意思是该车能给骑车人带来"震动骨头的体验"，充分说明当时的"米肖式"自行车骑行体验并不那么舒适。不过，此时骑车基本上还是年轻人的"勇敢者游戏"，所以"震骨器"在市场上还是受到极大欢迎的。

　　1867年冬，晚清外交官张德彝二度前往欧洲，他在自己的日记中详尽描绘了在各国所见自行车的情形。关于伦敦的骑行者们，他在1868年10月24日的日记中写道："自行车前后各一轮，一大一小，大者二寸，小者半寸，上坐一人。弦上轮转，足动首摇，其手自按机轴，而前推后曳，左右顾视，趣甚。"虽然张德彝在日记中将"尺"误写为"寸"，但却生动记录下来此时英国人对自行车的热衷，他也成了最早把"vélocipède"称为"自行车"的人。

告别"震骨器"

除了铁车架,"米肖式"自行车一般还采用铁质或木质的轮毂、辐条、轮胎,总重量平均在27公斤上下,自重高者可接近40公斤。这一切是为了应对19世纪中期欧洲城市崎岖坎坷的路面,让高速行进的自行车不至于散架。有鉴于此,用"震骨器"一词形容当时的自行车可谓名副其实。事实上,这时的自行车作为一时的"玩具"可以,但是用作日常通勤或是休闲出行,则显得非常不适合了。

如何在保证速度的前提下,减轻车身重量,同时增加车辆的稳定性,成为摆在机械师们面前的共同难题,也正因此,自行车在前驱踏板之后的技术演进,主要集中在车轮方面。

◆ **橡胶轮胎与滚珠轴承**

"米肖式"自行车车轮最早的改进是材质的更新换代,即橡胶轮胎的出现。

天然橡胶,是一种有弹性的碳氢化合物异戊二烯聚合物，未经加工时以乳剂的形态存在。这是一种对人类科技和生活影响甚巨的材料。在中美洲和南美洲，很久以前就已有人类采集橡胶应用的记载，不过橡胶的工业化与全球普及是欧洲工业革命的产物。

1736年，法国地理学家孔达米纳（Charles Marie de La Condamine）从南美的亚马逊雨林中获取了橡胶树样本并携带回国，介绍给法国科学院。1751年，他递交了一篇由防水材料先驱、工程师弗朗索瓦·弗雷诺（Francois Fresneau）撰写的天然橡胶多种性质的论文给科学院。这篇论文于1755年发行，被公认为史上第一篇介绍天然橡胶的论文。19世纪初期时，苏格兰人查尔斯·麦金托什（Charles Macintosh）以两层布夹一层橡胶制成雨衣，并获得专利（今天英语里防水胶布、防水雨衣就叫macintosh）。1825年，托马斯·汉考克（Thomas Hancock）发明出把橡胶制成长条状的机器"咀嚼机"（masticator machine），用作马车上给乘客避雨的防水布料，虽然这台机器最初一次只能处理3盎司（约85克）的橡胶，但其生产原理直到今天仍为现代橡胶生产机器所沿用。

尽管这个时代的人们越来越认识到橡胶的价值，但天然橡胶天气炎热时会变得黏腻，冬天会变脆，因此商业应用前景很差，这也导致橡胶的消耗量一直很低迷。直到1839年，美国化学家、工程师查尔斯·古德伊尔（Charles Goodyear）开发出硫化橡胶技术，极大提升了橡胶的品质。古德伊尔这个名字大家听来耳生，但是以这个名字命名的轮胎品牌却大名鼎鼎，那就是固特异轮胎。

说了这么多人类使用橡胶的历史，是因为橡胶技术很快就惠及自行车了。1868年11月，法国发明家克雷芒·阿德尔（Clement Ader）发明了供自行车使用的橡胶轮胎，并成功申请到了专利。阿德尔后来因为在航空领域的巨大贡献——发明了人类第一架飞机——被人们铭记，相比之下他对于自行车的贡献则很少被人提及。阿德尔的发明是将橡胶带贴在自行车轮上，利用橡胶的天然属性，让笨重的"米肖式"自行车骑行在崎岖不平的路面上时有更好的抓地力，同时这也有效地增加了车轮的轮转能力。此外，橡胶车轮比金属车轮更安全，在骑行者意外摔倒时，可以有效避免受到车轮的二次伤害。

阿德尔的橡胶车轮首先被引入自行车比赛，此后逐渐流行并开始量产，从此以后，只有那些没有采用橡胶轮胎的"米肖式"自行车，才拥有"震骨器"的诨号了。当然，这还不是自行车轮胎的演化终结，二十年后，一个苏格兰兽医因为浓浓的父爱，打造出了更完美的自行车轮胎解决方案，这是后话了。

与橡胶轮胎相类似的还有滚珠轴承（rolling bearing）的发明。这一发明让自行车车轴的摩擦系数大大降低，有效提升了工作效率。1869年11月17日，在一场从巴黎到鲁昂（距离83英里，约134公里）的大型国际自行车赛中，人类最早的自行车明星选手，英国人詹姆斯·穆尔（James Moore）骑着一辆装有滚珠轴承的"米肖式"自行车获得冠军。很快，滚珠轴承的设计被自行车制造厂商广泛采用。

◆ 从压缩辐条到张力辐条

打造车轮，配之以车轴，并在交通运输中广为使用，是人类早期历史中最重要的发明之一。虽然无法确定是哪一个文明最早使用了轮子，但在距今约6000年前的美索不达米亚文明的遗址上，以及今天高加索及中欧等多地，都发现了轮子的使用记录。2002年，斯洛文尼亚的考古学家发现了卢布尔雅那沼泽轮，距今约5250年，正负误差100年，这是世界上已知最早的木制车轮。

欧仁·梅耶尔，张力辐条的发明者之一

随着车轮的发明，辐条式车轮很快成为主流。这种用辐条连接轮毂（车轮的中心）和轮辋（轮圈）的设计，较之由一整块材料制就的车轮更轻便，使用在车辆上也较易操纵——这也让车辆变得更为轻便。在今天印度河谷及印度北部土地上繁衍的印度河流域文明遗迹中，后人找到过由黏土制成的玩具轮，上面有一些线条曾被认为就是辐条，在封印用的图案中也找到一个像是有辐条轮子的图案，这些是公元前3003年到前2500年的产物。

不过在人类漫长的交通史中，辐条虽然在材质上一直有所更新，但技术却一直停留在压缩辐条（Compression Spokes）阶段，没有更大突破。直到19世纪自行车的出现，张力辐条（Tension Spokes）第一次被应用到这项发明中，从而取代压缩辐条成为交通工具中广泛应用的技术形态。

所谓的压缩辐条是木质的，辐条从轮毂沿着半径方向，呈放射性向轮辋方向安装。木质辐条限于材质，对于轮辋是没有张力的，只能承受车轮滚动时向轮毂的压力，而且受力不均匀，很容易变形。相比之下张力辐条采用金属材质的辐条，辐条拉紧且可调，这对于提升辐条及车轮整体的强度，降低车轮重量与损耗，意义重大。

詹姆斯·斯塔利，被誉为"自行车工业之父"
的英国发明家。在这张摄于 1877 年的照
片中，他骑着自己设计的"齐鸣"三轮自
行车

关于张力辐条的想法，最早可以追溯到一篇刊登在1866年7月13日出版的英国科学期刊《英国机械师》（*The English Mechanic*）上的文章。一个署名埃德蒙·泰德曼（Edmund Tydeman）的人声称他发明了一种他称为"蜘蛛轮"（Spider Wheels）的钢丝辐条金属车轮。文章中甚至描述了路人看它经过身边的反应，"最有趣的是看到（他们）惊讶的反应……钢丝辐条是如此纤细，当它转动时，似乎显得没有辐条支撑一般，而且悄无声息。"

尽管还是使用了木质轮圈，但这并不妨碍英国自行车制造商"雷纳德与梅斯"（Reynolds & Mays）生产的"幻影"（Phantiom）牌自行车成为历史上第一款采用张力辐条技术的自行车。这家公司于1869年在英国伦敦取得了发明专利权，专利号1216号。雷纳德本人骑着"幻影"牌自行车出现在1869年5月英国水晶宫举办的自行车大展上。

几乎与此同时，法国也出现了两位张力辐条发明者，一位是欧仁·梅耶尔（Eugène Meyer），一是戈内尔（L. Gonel）。他俩都在巴黎申请了此项技术的专利权，并取得成功。不过相比成功商人戈内尔，梅耶尔因为极为奇葩的原因——注册专利时被登记错了名字以至于日后无法从专利局档案中查到——最终被撤销了专利权，这让他成了被自行车历史遗忘的无名英雄，直到近年来才被专家重新关注。虽然梅耶尔本人的遭遇很不幸，但是他的发明很快被投入了应用，比如奥利维耶兄弟的工厂就在1869年迅速推出了采用张力辐条的改良型"米肖式"自行车。张力辐条使得更轻的车轮、更快的车速成为一种可能，它也是自行车从"米肖式"时代进入高轮时代的前奏。

詹姆斯·斯塔利：自行车工业之父

随着自行车工业不断发展、市场不断增长，率先完成工业革命的英国很快意识到这种新型交通工具的未来前景。许多英国发明家、机械师加入研发自行车技术的队伍，这些身怀绝技的能工巧匠，对现代自行车技术的最终成型作出了极大的贡献。这其中，成就最高的人，是被后世誉为"自行车工业之父"的英国发明家詹姆斯·斯塔利（James Starley）。他是一位自学成才的机械工程师，也是英国工业革命时期最具代表性的人物之一。英国自行车历史学家安德鲁·里奇（Andrew Ritchie）称他"可能是自行车技术史上最具活力

1877年，自行车爱好者云集布莱顿，画面正中穿黑衣的是斯塔利

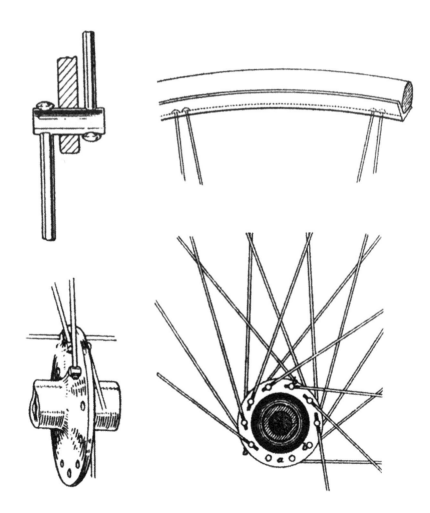

斯塔利获得专利的"切线辐轮"，可以看
到钢丝的编织方式

和创造力的天才"。

1830年4月21日，詹姆斯·斯塔利出生在英伦三岛最南端的西苏塞克斯郡的奥伯尼村，父亲是一名农夫，他本人在农场长大。小时候的斯塔利就展现出聪颖过人的一面，据说他曾经用几根柳树枝和一个破伞柄制造了一个捕鼠陷阱。像很多不安于乡村生活的聪明孩子一样，斯塔利在十几岁时选择离家闯荡。在英国伦敦南部的刘易舍姆，斯塔利干过一阵子园艺师，还发明了一种防止老鼠进入，却能让鸭子自由穿行的栅栏装置。

斯塔利的东家斥巨资买了一台当时还很罕见的缝纫机，结果没多久就坏掉了。斯塔利作为一个门外汉，靠着自己心灵手巧，居然修好了机器，这让缝纫机厂的合伙人之一刮目相看，这个人，就是前文提到的考文垂缝纫机公司的老板约西亚·特纳。这时的特纳还没有创立他的缝纫公司，但他相中斯塔利的创造能力，邀请他一道创业。1859年，斯塔利入职特纳公司，两年后以合伙人之一的身份参与创建了考文垂缝纫机公司。随着这家公司开始接触自行车业务，詹姆斯·斯塔利第一次接触到了特纳侄子从巴黎带回的"米肖式"自行车，马上被它所吸引。不久之后，斯塔利开始转型从事自行车技术的研发，

THE ARIEL No. 1.

By Royal   Letters Patent.

LIST OF PRICES.

Diameter of Front Wheel.	Heights of Riders suitable for.		Prices, Painted in Two Colours.			Prices, polished all over, &c.			Prices, Nickel-plated.		
Inches.	Ft.	in.	£	s.	d.	£	s.	d.	£	s.	d.
44	5	2	11	15	0	13	10	0	19	10	0
46	5	4	12	0	0	14	0	0	20	0	0
48	5	6	12	10	0	14	10	0	20	10	0
50	5	8	13	0	0	15	0	0	21	0	0
52	5	9	13	10	0	15	10	0	21	10	0
54	5	10	14	0	0	16	0	0	22	0	0
56	5	11	14	5	0	16	10	0	22	10	0
58	6	0	14	10	0	17	0	0	23	0	0
60	6	2	15	0	0	17	10	0	23	10	0

Extra charges are made for the following items, if required to be supplied with the Machine:—Foot-rest, on Forks, 4s.; Lamps, 8s. to 30s.; Valise, from 2s. 6d.; Packing Crate (returnable) 4s.; Letter Locks & Chains, 4s. 6d.; Bells, 1s. each.

The "Ariel" Bicycle is the Strongest, Safest, and most Elegant of Modern Velocipedes, and stands unrivalled as the perfection of pedomotive mechanism. It is fitted with the new rudder, lever tension wheels, with pure rubber tyres, and has the registered roller spring, double cone bearings, adjustable back wheel pin, steel bushed and rubber clothed pedals, the new patent adjustable cranks, ebony handles, brake, step, pigskin saddle, leg guard, wrench, and pocket oil can. For full particulars see opposite page.

LONDON DEPOT—

THE PATENT TANGENT BICYCLE.

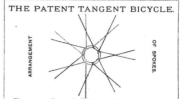

ARRANGEMENT   OF SPOKES.

The patent "Tangent" Wheel supplies a want much felt by Bicyclists, many of whom, though fully aware of the immense advantage secured by the application of the lever principle to the "Ariel" wheel yet dislike its appearance. At the same time they are equally aware of the objectional weakness at the hub of the "Spider" Wheel, by which a considerable part of the power applied by the rider is lost, and which is especially noticeable in mounting hills. This is the system of wheel adopted by all other makers, and this great evil is remedied in the "Tangent" wheel without the addition of the lever. By the above wood-cut, which shows one side of the hub carrying half the spokes, the arrangement will be understood. It will be seen that the spokes are crossed, and by this well-considered mechanical adjustment, each spoke locks the other, and thereby prevents all possibility of springing at the hub. The spokes are single, and being thus placed give the wheel a singularly light and elegant appearance. Another great advantage in this wheel is that in the event of a spoke being broken one can be re-placed by the rider in a few minutes. The patent bearings are an invaluable improvement upon all others. They are so constructed as never to require taking to pieces, which is an advantage to Tourists who have little time to *groom* a bicycle, as all necessary cleaning can be promptly done with very little trouble. They will run for any length of time without becoming shaky, and a few drops of oil will suffice for a journey of 100 miles. The "Tangent" Bicycle is fitted with a frame similar to the Stanley, but with very great improvement.

The "Tangent" is especially suitable for a good Racing Machine. The wheel can be made extremely light, yet will be firmer than the thickest "Spider" made: Weight of the Racer, 28lb.; Road Machine, 35lb. to 40lb.

56, QUEEN VICTORIA STREET, E.C.

Ariel 自行车的宣传册页，可以看到 Ariel 自行车由海耶斯和杰弗里斯公司出品无论对于他还是自行车，这都是一件幸事。

1870年，詹姆斯·斯塔利和另一位考文垂机械师威廉·希尔曼（William Hillman）共同申请了一项自行车设计专利，专利号2236号。按照专利说明，这一设计"主要用于奔跑机的车轮改进，尤其是驱动轮的改造方面"。他们将车子命名为"Ariel"，并迅速量产。

Ariel自行车的设计突破集中在车轮辐条方面。在此之前的张力辐条设计是呈现自然放射状的，这就意味着每一踏板前进一圈，车轮的辐条都要承受一次弯曲和一次绷直，反反复复，大大增加了辐条断裂的风险。而Ariel自行车采用了切线辐条（Tangential Spokes）设计：在车轮花鼓（轮辋处鼓起的部分，内有轴承和轴杆）和轮圈之间，通过钢丝的切线方式来回环绕，并拧紧增加张力，使得轮子一直保持圆形，辐条与自行车车轮实际的受力达到一种平衡状态。1874年，斯塔利改进了自己的切线辐条设计，并再次申请专利——英国专利号为3959，名为"切线辐轮"（Tangent-Spoke Wheel）。切线辐轮的设计继续遵循了之前切线编制原理，但辐条断开为相同长短、强度的个体，再由有孔的螺纹接套将一根根辐条单独地对称固定起来，每根辐条都可以单独调节，以便让车轮保持圆形。

切线辐轮被认为是詹姆斯·斯塔利最伟大的发明创造，1874年之后生产的自行车几乎全部采用了切线辐轮的设计，此后这一技术还移植到了摩托车、汽车和飞机等交通行业中，迄今为止依然是最具合理性且依然被普遍采用的车轮设计。

切线辐轮极大减轻了车身的自重，为了增加自行车的速度，作为驱动轮的前轮开始被逐步放大。斯塔利的Ariel自行车标准重量约为50磅（约22.6公斤），用于比赛时可减轻到只有21磅（约9.5公斤）。

为了提速，Ariel自行车的前轮比后轮要大得多，骑行者可以根据自己的腿长，选择最适合的驱动轮直径——从40到60英寸（约1米至1.5米）不等。这种前后轮不同的奇特外形，为Ariel自行车赢得了"大小钱"（penny-farthing）的绰号，因为便士（penny）和法新（farthing，1/4便士）是当时最大的和最小的英国铜币。19世纪70年代，Ariel自行车在英国的考文垂量产，自行车的高轮时代正式开启。

至于斯塔利本人，包括他的家族，对于自行车的贡献并没有到此为止，他们还将为自行车世界贡献许多开天辟地式的发明，这里暂且按下不表。

一副绘制于 1876 年的漫画
一位骑着高轮自行车的绅士向骑马的女士大献殷勤

"高轮的昔日荣光"

自行车技术发展史上有个专有名词——"Ordinary Bicycle"，我们可以把它译为"通用自行车"或"日常使用的自行车"，不过这可不是指我们今天习见的现代自行车，而是专指高轮自行车——虽然以今天人的目光，它怎么也不像是"日常使用的"。

不过你可能想象不到，在1870年后的二十年间，高轮自行车曾达到怎样惊人的流行程度，它的身影遍及世界的各个角落，是人们日常真正可以拿来比赛、出游，乃至社交的交通工具。今天的自行车历史，把这二十年称为"高轮的昔日荣光"（grand old ordinary），其辉煌盛况令人怀念。

◆ 英国的"马路之王"

19世纪后半叶的维多利亚时代，是英帝国的鼎盛时期，国力强盛、经济繁荣，这也是英国的高轮自行车大流行的时代背景。

在研发出Ariel自行车之后，詹姆斯·斯塔利离

骑高轮自行车的女士战胜了马车

开了考文垂机械师公司，先是在考文垂的圣约翰街自立门户，一边出售自产的自行车，一边设计制造"欧罗巴"（Europa）牌缝纫机，两大拳头产品催生了新公司——"史密斯-斯塔利公司"（Smith, Starley, and Co., 史密斯是公司另一合伙人的姓氏）。不久之后，斯塔利把Ariel自行车的全部专利转让给了"海耶斯和杰弗里斯公司"，这让更多的制造商投入到高轮自行车的生产中，并进而令英国市场完全认可了这一发明。作为一款美观、轻便、实用的休闲交通工具，高轮自行车在19世纪70年代拥有了大批粉丝；始于伦敦，向全国扩散的自行车俱乐部纷纷成立；而自行车主题的读物也大量涌现。著名的行业刊物《自行车新闻》（Bicycling News）、《自行车杂志》（The Bicycle Journal），都创刊于1876年。

关于英国人对高轮自行车的狂热，我们能从置身其间的外国人那里得到印证。曾八次出使外国的中国外交家张德彝就关注到这一新奇机器不断普及给人们带来的巨大便利，以及随之而来的社会风俗、生活方式的改变。他于1877年9月1日在伦敦记录道：

近来街上骑脚踏车者日多一日，亦愈出愈奇。其两、三轮自行，或拽木箱送物，及前后坐两人者，皆不为奇，竟有前二人各踏一轮，车后左右又有两轮，上有一棚，内坐二人，前后共坐四人，以前二人代马，左右进退，无不如意。自有此车，恐将来马车渐稀少矣。

伦敦男女骑脚踏车人既多，即设有专售此车之铺，其价每辆由九镑至十四五镑，且设有学堂、教练，学者一月亦须一二镑。……此车习熟，胜于匹马，具体扁小，更无须设厩饮喂，方便多矣。

与几十年前不同，这一次英国政府没有再出台禁止自行车骑行的政策，而是乐见自行车工业的蒸蒸日上。自行车热对于人们生活方式的影响、改变是巨大的。比如张德彝就记载，因为骑车成为流行，"车铺亦多，于是又专做有妇女骑车之衣出售"。事实上，自行车的流行深刻改变了西方女性的着装习惯，为了便于骑行，中世纪的束胸长裙渐渐向现代的裤装演变，而随着自行车的普及，"男女骑车者甚多，甚至幼童稚女亦骑之。……行动极快，且与公车并驰"。为了规范自行车骑行，英国政府先后出台了多项自行车"定例"，即所谓的"官定新章"："脚踏自行车与马车无异，一旦违规，将有巡捕处罚。"之后，对于车灯、行走路线、行走规则、推车而行等均作出了详细规定。

BILBAO. — Pi ador attaquant le novillo, monté sur un vélocipède. (D'après la photographie de M. Pica-Groom.)

BICYCLE TOURNAMENT AT LIVERPOOL.—SEE PAGE 465.

上图：维多利亚时代的自行车浪漫：骑着自行车斗牛
下图：维多利亚时代的自行车浪漫：自行车骑行比武

从上下两图的对比中可以看到，
此时前后车轮的大小已经开始不同

1874 年一场在伦敦肯宁顿的自行车比赛，
选手们正奋力冲向终点

高轮自行车的热销，引发了一轮自行车工业生产和技术更新的高潮。生产自行车的工厂渐渐从马车制造商或铁匠铺中剥离出来，最终成为一个独立的新兴行业。据不完全统计，19世纪70年代，至少有20家以上的英国自行车工厂在出品可供"日常使用的自行车"，其中最著名的是丹尼尔·拉奇（Daniel Rudge）创立的"拉奇公司"（A D Rudge & Co.）。身为工程师的拉奇于1878年发明了可调节的滚珠轴承，又在1887年发明弹簧悬挂叉，大大降低了在崎岖路段骑行的颠簸感，他的工厂生产的"手"牌高轮自行车，由于品质上乘，风靡一时。

　　在行业规模扩大的同时，自行车在技术上的进步也并未停滞。19世纪70年代仅英国就有数百件专利的申请，其中包括了许多突破性的技术创新，比如，滚子轴承（1871年）、管状车架（1872年）、空心叉（1874年）、可拆卸曲柄（1876年）、锯齿脚蹬（1876年），可调节式的滚珠轴承（1877年）、空心轮圈（1878年）、可拆卸车把（1878年）和下降车把（1879年）等等。1883年，哈里·格里芬（Harry Griffin）在他的《年度自行车》（*Bicycles of the Year*）一书中推测，"Roadsters（一款高轮自行车——编者注）结构已经如此完善，以至于很难再找到进一步改进的空间了"。到了19世纪80年代，高轮自行车堪称是英国的"马路之王"。一位作家曾如是描述骑行高轮自行车给人带来的快感：

> 整个车身非常均衡，人几乎是在一个轮子上；你的眼前没有车轮，有一种独轮车的时尚感；随之而来的是自由的、汹涌的、快速的车轮滚动，给骑行和滑行带来了一种独特的魅力。这种魅力完全属于高轮自行车自己，并且让那些享受它们的骑车人体验到生命中最美丽的一种感觉。

出于道路安全的考量，今天的人们几乎没有机会骑上高轮自行车。客观来说，高轮自行车运动所带来的速度感与兴奋度，是今天的现代自行车无法比拟的。那种居高临下，披靡前行的样子，只能留存在属于它的业已逝去的辉煌时代里了。

◆ 美国：波普的高轮销售网络

因为城市立法"禁骑"的关系，美国本土各种"米肖式"自行车制造工坊在1870年之后几乎都停止了生产。

六年后，情势出现了转机。1876年，为纪念美

Col.A.A.Pope.

美国自行车工业的奠基人波普

国独立百年，美国历史上第一届世界博览会在宾夕法尼亚州的费城举行。本届世界博览会自当年5月10日开幕，于11月10日闭馆，来自35个国家的近1000万人参与了这次盛会。借此契机，英国考文垂的"海耶斯和杰弗里斯公司"将五辆Ariel自行车进口至美国，这些车引起了一个人的特别兴趣，他就是我们在第一章提到的阿尔伯特·波普，曾购买过拉勒芒自行车专利的成功商人。

阿尔伯特·波普后来被称为"美国自行车工业奠基人"、"好路之父"（Father of Good Roads）。他于1843年5月出生于美国马萨诸塞州的波士顿，以房地产起家，参加过美国内战，还因为出色服务赢得荣誉上校的军衔。此时波普的主营业务是鞋类用品与气手枪，不过 在见过自行车之后，他决定把这项代步利器引入美国。很快，他自己学会了骑行，然后动身前往英格兰寻找商业伙伴。波普最终选择了考文垂市的"贝雷斯-托马斯公司"（Bayliss, Thomas & Company）生产的"双面精工"（Duplex Excelsior）牌高轮自行车进行仿制。

1878年，波普将高轮自行车的前叉进行了改造——登山时可根据需要前后调节，并与哈特福德市（Hartford）的"野草缝纫机公司"（Weed Sewing

左页

1882年，一对父子骑着『哥伦比亚』牌高轮自行车

Machine Company）签订了生产合同，出产"哥伦比亚"（Columbia）牌高轮自行车，行销全美市场。

此后十年，波普买下了"野草缝纫机公司"，配置了专门生产车管和轮胎的工厂，并将哈特福德市作为"哥伦比亚"牌自行车的制造中心。随着在拉勒芒专利诉讼中的大获全胜，波普将自己对美国自行车市场的垄断发挥到了极致：他可以从在美国销售的几乎每一辆"米肖式"自行车上收取10美元的专利费，包括从国外进口的。靠着这笔巨资，波普改进自行车工艺，扩大工厂规模，建立全美自行车信托基金以购入各种自行车专利，并在全美推广普及自行车文化。

波普创立了一套跟后来的汽车销售网络近似的营销系统：他在全美打造了一张代理网络，以固定的零售价出售他的自行车。他还基于国情设定了自行车产品的运费标准，为产品提供统一的售后保障，并且建立起庞大的销售队伍。

不仅如此，由于波普本人是狂热的自行车骑行爱好者，所以发起创立了名为"美国自行车人联盟"（League of American Wheelmen）的自行车俱乐部，并开始在首都华盛顿和各州游说政客，以便修建更

骑行者飞身跃上高轮自行车的瞬间，摄
于 20 世纪初

好的道路，这就是美国自行车历史上著名的"好路运动"。一开始，波普只是印刷些小册子，宣传推广自行车与修建好路的必要性，后来索性创刊了一本杂志，名为《自行车人画报》（*The Wheelman*）。为了推广好路运动，波普投入了大量资金，推动废除全美各地敌视自行车的法律条文，他甚至给麻省理工捐了6000美元（当年这可不是一笔小钱），创立了全美第一个公路工程系。

　　在19世纪90年代中期美国自行车热潮的最高峰，波普的公司每年制造大约25万辆自行车，影响力遍及整个北美。而波普对美国现代交通方式的推动，甚至比这还要多。在汽车出现后，波普同样对这种

1879 年 9 月，美国波士顿美国自行车俱乐部举行的自行车集体旅行

19 世纪末的美国自行车表演海报，此时高轮自行车已经渐渐从日常生活应用中退场，转向杂耍表演的舞台

一场 19 世纪末的高轮自行车比赛，
可以看到发车前需要有专人从后侧扶
住自行车以保持平衡

新兴交通工具表现出了浓厚兴趣，他的工厂开始制造"哥伦比亚"牌汽车——可能你没想到，这是一种在20世纪初遍及全美的电力驱动汽车。

当然，自行车在美国的蓬勃兴起，还有其他制造商的助理。在拉勒芒专利到期后，美国至少有七家公司开始生产高轮自行车，加入了与"哥伦比亚"牌自行车竞争的行列。其中较为成功的，是来自美国新泽西州的"史密斯制造公司"（The H. R. Smith Manufacturing Company），它生产一款"美国之星"（American Star）牌的高轮自行车。

由于战争影响，欧洲大陆的自行车工业大幅度落后于英美两国。1879年前后，从事机械进出口贸易的德国工程师海因里希·克莱尔（Heinrich Kleyer）在波士顿首次接触高轮自行车，一年之后他返回德国，开始投身自行车行业。

1885年，克莱尔开始在法兰克福生产一款"鹰"（Adler）牌高轮自行车，作为德国的主要自行车品牌，这家公司一直经营到1958年。克莱尔是第一个给自行车安装充气轮胎的人，也是最早将自行车俱乐部、自行车学校与自行车赛场引入德国的人，他此后还广泛涉猎摩托车、汽车制造等领域，由他研

19 世纪末的标致自行车工厂

发的专用打字机得到了广泛应用。

在这个时代，德国也拥有了26家主要的自行车制造商，规模最大的有NSU，以及欧宝（Opel）——是的，这个我们今天熟悉的汽车品牌，正是从制造自行车起家的。与之类似的是法国的标致（Peugeot）品牌。这个可以追溯到1810年的家族企业，在1882年开始第一次制造高轮自行车，三年后进入批量生产，只不过这时使用的商标是"Les Fils de Peugeot Frères"，跟汽车并不完全一致。直到1910年，标致家族的汽车与自行车生意合并，才开始统一使用标致品牌。

今天，标致车队依然是全球各大自行车赛事的强有力竞争者。不管后世如何风光，在标致家族刚刚涉足自行车制造的岁月里，法国和欧洲其他国家的市场，完全是英国高轮自行车的天下。

现代的曙光

| 19 世纪末至 20 世纪初 |

高轮自行车结构简单、高效、优雅，在19世纪80年代进入它的全盛时期，畅行全球。但是它无法兼容高速与安全性，这就使这一款式成为自行车技术进化的死胡同。

为了在高速与安全之间取得平衡，这个时代的人们研发了一系列新技术，最终导致自行车朝着不同的道路发展：高轮、三轮、四轮自行车，在搭配了同时代开创的动力系统后，逐渐向汽车（机动车）发展，另一方面，人们将自行车的车座从高大的前轮移动到车身中间位置，搭配上新出现的间接驱动系统，以及更加稳固的车架设计，最终形成了安全型自行车。

历经四百年变革与进步，自行车技术终于在19

"THE DUAL."
THE ZEPHYR TRICYCLE CO., LOWER FORD STREET, COVENTRY.

1882 年 Dual 牌三轮自行车

世纪末20世纪初，发展成了我们今天熟悉的样貌，现代自行车的纪元开始了。

两轮、三轮、四轮……

对于骑行者而言，操作高轮自行车碰到的第一个难题就是如何上下车。特别是在城市街道中，或是人群密集处，在没有旁人帮助的情况下，上下高轮自行车对任何人而言都是一个挑战。即使是成功上车，只要稍不留神，或偶遇颠簸，骑车人因为惯性从车把前方被甩出去也是常有的事。

为了保证高轮自行车的骑行安全，人们首先尝试引入几十年前的老方案：三轮或四轮自行车。

第一个采用高轮的稳定设计来自爱尔兰。1876年，一个名为威廉·宾登·布拉德（William Bindon Blood）的都柏林土木工程师将两个巨大的高轮作为驱动轮，在前方再放置两个小轮作为转向轮，然后将这款四轮自行车申请了英国发明专利。

作为英国自行车工业中心的考文垂，很快就注意到布拉德的这款设计，那里的工程师随后研发了不少三轮或四轮的高轮自行车，不过真正在市场上

英国拉奇自行车公司出品的载货三轮自行
车、单人三轮自行车及双人三轮自行车

获得成功的，还是斯塔利家族。而斯塔利家的多轮自行车赢得市场，靠的还是技术革新。

我们知道三轮、四轮车在转弯时，外侧轮子走的路径要比内侧轮子走的路径大，所以如果三轮、四轮车想顺畅并精确地同步转弯，就需要让内外侧车轮以不同的速率旋转，从而以不同的转速来弥补转动距离上的差异。能让两侧车轮转速不同的装置，被称为"差速器"，它的发明者正是詹姆斯·斯塔利。

据说，老斯塔利看见儿子骑着三轮自行车转弯时总是会失去平衡，于是动起了脑筋。那是个周六，他突然大叫一声"有了"，于是坐下来，用两小时画出了最早差速器的草图。周一早上六点，新的带差速器的自行车原型开始打造，两小时后，斯塔利已经登上了前往伦敦的第一班火车：他要迅速把自己的发明申请专利。今天，任何一辆汽车都会安装的差速器，技术源头正来自斯塔利。

詹姆斯·斯塔利的儿子威廉·斯塔利（William Starley）和侄子约翰·坎普·斯塔利（John Kemp Starley）于1876年将这项技术申请了英国专利权，专利号第4478号。他们兄弟两人后来在考文垂成立了"斯塔利-萨顿公司"（Starley & Sutton Co.），开始工业化生产这种高轮三轮车。

1877年，威廉·斯塔利又制造了一个双座版本的高轮车，像极了两辆合为一体的高轮自行车：这种车可以让两个人骑行者并排坐着，由右边的骑手来控制车辆。因为特别适合男女一起骑行，该车也被戏称为"蜜月社交"（Honeymoon Sociable），当然它在市场上有一个正式的名字："齐鸣四轮自行车"（Salvo Quadricycle）。

1879年底到1880年初，斯塔利兄弟开发了一种结合差动齿轮与链条传动的高轮三轮自行车，并把它命名为"考文垂旋转三轮车"（Coventry Rotary Tricycle），随着这款设计在1880年被"拉奇公司"买断，该型号的自行车开始批量投入市场。

詹姆斯·斯塔利逝于1881年6月17日，他对自行车技术革新做出的巨大贡献被后人铭记。他被誉为英国自行车产业的先行者和"自行车产业之父"，今天我们在其建功立业的考文垂，依然能看到他的塑像。

看似"新瓶旧酒"，走了回头路的高轮三轮、四轮车的出现，首先吸引来的是女性骑行者。比起身

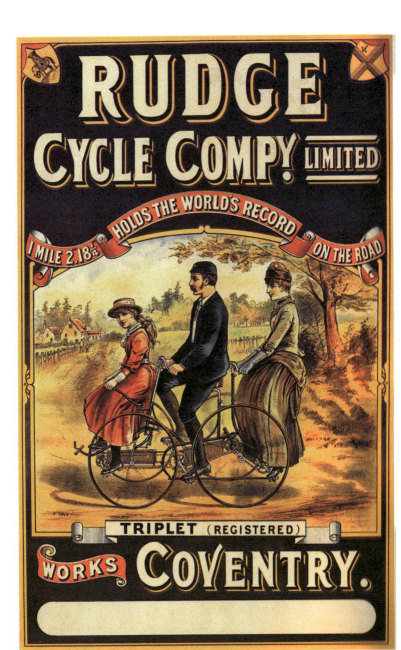

上图：一辆存世的斯塔利牌三轮自行车

下图：斯塔利设计生产的另一款三轮自行车

Reproduced from *Bicycling and Tricycling*.
A fancy picture of Her late Majesty
Queen Victoria, on a " Salvo " Tricycle, 1881.

上图：这幅插画描绘了维多利亚女王本人乘坐一辆斯塔利"皇家齐鸣"三轮自行车

下图：一辆由斯塔利家族出品的"皇家齐鸣"三轮自行车

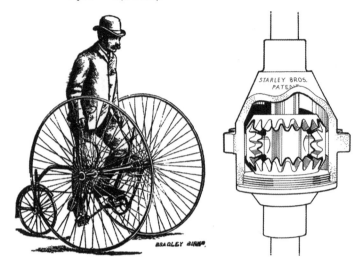

THE "ROVER.

THE POPULAR MACHINE FOR 1884.

1884 年，罗孚牌三轮自行车与斯塔
利家族发明的差速器

形高大，加速后风险很高的两轮高轮自行车，三轮、四轮的车型骑起来要优雅得体得多，尤其是对于19世纪普遍身着长裙的女士而言。据说斯塔利家族的"齐鸣自行车"甚至得到了维多利亚女王本人的好评，结果还得来了一个"皇家齐鸣"（Royal Salvo）的绰号。

因为得到上流社会女性用户的钟爱，高轮三轮、四轮自行车身上被附加了阶级属性。1882年，伦敦的贵族阶层成立了第一家"三轮车联盟"（Tricycle Union），为的就是和骑行普通高轮自行车的"自行车俱乐部"有所区别。在那些骑着三轮、四轮车的爱好者们看来：绝大多数两轮车爱好者是与普通自行车骑手们为伍的，因为他们里面很少有"体面人"；而三轮车上面坐着的，都是王子、公主、公爵和伯爵。所以毫无疑问，三轮车的爱好者和普通自行车粉丝不属于一个阶层，哪怕是在自行车旅行中，他们也需要更好的住宿设施。

那么，为什么三轮、四轮自行车最终没有能存活下来呢？这还是要从它自身不可克服的弱点说起。

首先，虽然在链条传动机制应用于自行车上后，三轮、四轮车的轮子再也没有必要设计得如此高大

一款存世的三轮自行车，工艺精致，
是这一款式的精品

以取得速度,但它们依然比两轮的自行车要宽大得多,这就造成了停放、保存难题。

　　其次,从结构出发,三轮、四轮自行车的座位一般安放在一边,或居中,无论哪种设置,对于踩踏踏板驱动前进而言,都会无端损耗掉部分能量。而且它的风阻也更大,骑行更难,无论如何都比不上两轮自行车轻便简洁。

　　最后,越是组件多、自重大、结构复杂的机械,

男女同乘一辆四轮自行车

它就越是昂贵，且故障率更高，修理成本也更大。这也是三轮、四轮自行车固有的缺点。

其实，三轮、四轮车并不是没有优点，也不是就此销声匿迹，它们只是换了一种方式出现在我们面前罢了——它们最后变成了人类另一种不可或缺的交通工具——汽车。

1885年，卡尔·本茨在德国曼海姆市研发出一种带内燃机的自动三轮机动车，并于第二年申请了德国专利，这标志着一种划时代的交通工具出现了。正如我们在前文所述，本茨本人，包括他公司仅有的两位投资人，都是自行车发烧友，发明家本人从一开始就没想过往马车车身上鼓捣发动机，而是把内燃机安置在一辆前轮转向的三轮自行车上（史料记载这辆三轮自行车是本茨本人将两辆两轮自行车拆解拼装出来的），并最终成功上路，开创了历史。事实证明，汽车在很大程度上，是自行车技术与自行车文化发展到一定程度的必然结果。美国汽车历史学家弗林克（James J. Flink）在他的《汽车时代》（*The Automobile Age*）一书中写道：

> 对于汽车而言，没有什么比自行车技术发展的铺垫更重要的了。即使是讲到内燃机技

19世纪 80 年代，淑女们撑伞坐在一个可以承载两人的三轮自行车上

1882 年，一名骑行三轮自行车的女性

亨利·劳森的"安全"自行车

术，也是如此。很多汽车科技的关键元素都是来源于自行车工业，这包括了钢管车架、滚珠轴承、链条传动和差速器，还有一个特别要说的是——充气轮胎……不仅如此，自行车工业还发展出一批如定制机床、钣金冲压、电阻焊接等批量生产的工业设施，这些日后在汽车工业中同样必不可少。一大批早期的重要汽车制造商，首先都是自行车制造商……最早一批汽车行业中的技术人才原来也都是自行车机械师……然而，自行车对于汽车最大贡献还在于，是它诱发了人们对于个性化长途出行的巨大需求，而这种欲望最后成就了机动车的大众普及。

自行车与汽车，其实密不可分，在人类追求自由出行的道路上，它们曾携手同行，缔造了一系列的辉煌。

要安全就要"矮个子"

为了尽量降低高轮自行车的危险性，使得自行车赢得更多人的喜爱，开拓出更大市场，在"安全型"自行车面市之前，机械师们还设计生产了许多比高轮自行车矮小很多的，所谓"矮个子"（Dwarfs）自行车。

"鳄鱼"自行车

这些"矮个子"自行车是高轮自行车过渡到"安全型"自行车（Safety Bicycle）过程中不可或缺的一环，很多现代自行车的技术元素是在它们身上第一次得到技术创新和实践认可。而这一过渡作用也得到了"安全型"自行车发明人，约翰·坎普·斯塔利的认可。

◆ "鳄鱼"自行车

为了更加安全，将自行车的驱动轮和转向轮分开的设计思路最早可以追溯到19世纪70年代。

1876年，英国考文垂的亨利·劳森（Henry John Lawson），设计了一款后轮比前轮大得多的自行车，并将车座放置在了两个轮子中间，前轮是转向轮，后轮则是由一种杠杆和踏板系统驱动着旋转。他成功申请到了英国专利，专利号2649号。在专利申请书上，这款车直接被命名为"安全"（Safety）。

1879年，劳森改进了他的设计，与第一代自行车有了很大的不同。这一次劳森的设计有回归高轮自行车的迹象，拥有一个40英寸（近1.02米）的大前轮；车架有一根直梁连接两轮，这让车身更为牢固

SINGER'S ''XTRAORDINARY.

This celebrated bicycle has been made by us since 1878, and it still stands alone as a really safe bicycle. This safety is obtained by "raking" the fork, as shown in the illustration, and by a peculiar arrangement of the steering centres, making the guiding as easy as that of an ordinary bicycle.

Its mechanism has been improved from year to year, and in its present form the "'Xtraordinary" is, of course, a very superior machine to that of 1878. We are convinced that a trial will somewhat surprise bicyclists who may have not hitherto looked upon it favourably.

Any of these styles are *really* safe,

了；后轮则比前轮更小，是24英寸（0.6米），转向轮和驱动轮分离的初衷没有改变。劳森的自行车像极了一只张开血盆大口的鳄鱼，因此他给新设计起了个绰号——"鳄鱼"（Crocodile）。

"鳄鱼"自行车在英国得到量产，此后为了开拓欧洲大陆的市场，劳森在法国巴黎开设配送中心。为了迎合法国人的口味，他又给这款自行车改名为"Bicyclette"，它最终成为通用的法语单词"自行车"的意思。

不过，可能是因为外观没有那么优雅讨喜，"鳄鱼"自行车在商业上很不成功。

◆ "更日常"自行车

"Xtraordinary"是一个专门词汇，由两个词根组成，一是"Xtra"，另一个是"Ordinary"。这款车的发明者是乔治·辛格（George Singer），目的是提高骑行者的安全性。1878年10月24日，据称是受到一位叫乔治·多米尼的业余自行车手的建议，辛格开始设计这一款改良版的高轮自行车，并最终命名为"Xtraordinary"（"更日常"自行车），申请获得了英国专利。这一车型由位于考文垂的"辛格公司"

（Singer & Co.）批量生产，投入市场。

因为普通高轮自行车在骑行过程之中，一旦遇到颠簸，容易把骑车人向前摔过车把，从而对骑车人头部造成伤害。"更日常"自行车为解决这一问题，首先通过一个更为向后倾斜的前车叉，将骑车人的重心大大向后移动；其次，为了解决驱动轮与人腿部长度的矛盾，创造性地在前轮安装了一套特殊的杠杆驱动系统，可以方便骑车人根据自身情况，调节踏板的高度和距离。这个设计可以让不同腿长的骑车者使用相同尺寸车轮的高轮自行车。

虽然"更日常"自行车依然采用了一个48—54英寸（1.22至1.37米）不等的大前轮作为驱动轮和转向轮，但是安全性要高出普通高轮自行车不少，骑车人不必再担心自己一不小心就会被高速甩向前方了。

"更日常"自行车取得了良好的市场反馈，尤其是大量出口至美国。前文所述的"美国之星"牌高轮自行车就是该款自行车的仿制品；另有1885年芝加哥"古尔穆利与杰拜瑞公司"（Gormully & Jeffery）出品的"美国安全"（American Safety）牌自行车，也是如此。

THE
"FACILE."

THE BEST MACHINE FOR ALL-ROUND ROAD WORK
EVER INTRODUCED.

Simple in Construction, remarkably Easy to Learn, Easy
to Drive, and a splendid Hill Climber.

DESCRIPTIVE PAMPHLET FREE.

Sole Manufacturers:
ELLIS & CO. (Limited),
47, FARRINGDON ROAD, LONDON, E.C.

204

—

205

一辆 1893 年获得专利的 Pedersen 自行车

◆ "易骑"自行车

"Facile"是一个中古法语的词汇,源自拉丁语"facilis",意思是"容易的,简单的",当这个词被用来给自行车冠名,寓意不言自明。我们不妨把这种自行车翻译为"易骑",相比"更日常","易骑"要成功得多。

1869年,英国机械师约翰·比尔(John Beale)和斯特劳(Straw)发明了这种自行车,并申请了专利。1881年至1890年之间,"爱丽丝公司"(Ellis & Co. Ltd)在伦敦批量生产这种自行车,并投向市场。

"易骑"自行车是名副其实的"矮个子"自行车,它将普通高轮自行车高大的前轮缩小至40英寸(1.02米)左右,后轮变大,至两轮大小相当,骑手更容易在车身中间找到平衡。前轮变小,并不意味着速度的损失,该车有一个特别的杠杆设置,称为"太阳-行星齿轮"(sun-and-planet gearing)。骑车人只需要"上下"踏动有杠杆延伸的踏板,就可以带动行星齿轮连动太阳齿轮,最终驱动整车。

"易骑"的成果还来自商家的商业模式,爱丽丝公司严格控制生产成本,将"易骑"自行车的售价

"袋鼠"自行车

控制在13—18英镑上下，这使得它成为一款中产阶级消费得起的实惠自行车。为了更好推广，爱丽丝公司还在英国伦敦南部组建了一家排他性的"易骑"自行车俱乐部，专供骑手训练、社交。这家公司还常常组织竞技比赛，曾以一辆新车和一个钻戒为奖品，悬赏征集能在24小时骑行超过300英里（482.8公里）的人。1888年车手尼克斯（P. A. Nix）在规定时间内骑了297英里，爱丽丝公司也认可了他的成绩并颁发了奖品。第二年，这一记录被打破，一个叫霍尔拜因（M. A. Holbein）的人使用新款的Premier"易骑"自行车在24小时里骑了324英里（521.4公里）。

"易骑"自行车还是一款十分适合老年人骑行的自行车。1888年1月出版的《自行车运动员旅游俱乐部公报》（*Cyclists' Touring Club Gazette*）中刊登了一位老先生的来信："我在六年前拥有了42英寸（1.07米）的'易骑'自行车，从此以后每年都有数千英里的骑行乐趣。我已经70多岁了，但是因为骑车的习惯，我脸上并没有多少岁月的痕迹。"

◆ **"袋鼠"自行车**

1878年，英国人爱德华·奥托（Edward C. F. Otto）和沃利斯（J. Wallis）申请了双子驱动装置的

约翰·坎普·斯塔利与 1885 年第一
辆罗孚"安全型"自行车

专利权，但并没有真正投入生产。

1884年，威廉·希尔曼将之加以改进，并再次申请到了专利权，英国专利号码为第4487号。随后，由"希尔曼-赫伯特-库珀公司"（Hillman, Herbert & Cooper of The Premier Bicycle Company）投入生产，并给这款自行车起了一个可爱形象的名字——"袋鼠"（Kangaroo）。

"袋鼠"自行车与"易骑"自行车在外观上较为类似，都是为了安全起见缩小了前轮，扩大了后轮，以取得整个车身的平衡。最大的不同在于，"袋鼠"自行车采用前轮"双子链条驱动"的独特设计。该驱动设置两个曲柄踏板分别安装，并与前轮花鼓各用一条链条和齿轮链接，这样可以带动直径为36英寸（0.91米）的小车轮，达到54英寸（1.37米）大车轮的转速。它的整车重量在36磅（16.3公斤）左右。这种"双子链条驱动"的装置，在保证安全性的情况下，甚至可以取得比高轮自行车更快的速度。

"袋鼠"自行车一经面世就风靡全球，"希尔曼-赫伯特-库珀公司"的销售量很快达到每周100多辆。它是如此成功，以至于19世纪80年代几乎每一家自行车制造商都曾经生产过类似设计的产品。彼时关于"袋鼠"自行车的广告常常声称,"它比三轮自行车更安全,比高轮自行车更快速!"这句广告词可不是夸张。1884年,车手史密斯(G. Smith)就骑着"袋鼠"自行车创造了7小时7分11秒骑完100英里(160.9公里)的世界骑行纪录。随着这一纪录的诞生,"袋鼠"自行车很快成为那个时代专业自行车手的标准配置。

1884年11月的一期《自行车运动员旅游俱乐部公报》中,将"袋鼠"自行车描述为"上车骑行更加安全,而且速度快捷,尤其在不愿意从高轮自行车摔下折断脖子的人们中间越来越受到欢迎"。另一本杂志《自行车手》(*The Cyclist*)甚至介绍了一款基于"袋鼠"自行车的游戏:玩法类似骑马猎狐,只不过这里的骑马换作了骑行"袋鼠"自行车。由一个骑手骑着他的"袋鼠"率先出发,并留下痕迹,经过4分钟后,其余的人都骑着"袋鼠"追赶,追到者获胜。

到19世纪80年代中期,"矮个子"自行车的设计可能性达到了极限。"安全型"自行车在此时应运而生,得到了全球消费者更广泛的认可,成为自行车技术演化的下一模板,也是自行车市场的领军车型,而"矮个子"则逐渐退出了历史舞台。

右页

1885 年罗孚牌自行车(第二代产品)广告

两张插画——骑行罗孚自行车的人

翻开自行车新纪元

世界上第一辆"安全型"自行车的发明人是约翰·坎普·斯塔利。

小斯塔利1854年出生于英国西苏塞克斯郡的奥伯尼村，他的父亲约翰（John Starley）是"自行车工业之父"詹姆斯·斯塔利的亲哥哥。1872年，小斯塔利迁居考文垂，也加入了叔叔詹姆斯·斯塔利的自行车研发队伍，并参与开发了Ariel自行车。1877年，小斯塔利以机械师的身份加入了"海耶斯和杰弗里斯公司"，即后来的"拉奇公司"。次年，他与好朋友威廉·萨顿（William Sutton）——考文垂当地的一位自行车爱好者——合伙创办了一家新公司，名为"斯塔利-萨顿公司"，着手开发一系列拥有自主品牌的高轮三轮车和高轮自行车。

1883年，斯塔利-萨顿公司在自产的三轮、四轮自行车上第一次使用了"罗孚"（Rover）商标，并迅速获得市场认可。"罗孚"源自"Rove"这个词，意为"没有目的地限制的自由旅行"。顾名思义，发明家希望使用自己自行车的，都是轻松自由享受旅行的人。

1895 年一家英国自行车俱乐部的郊游。图中
前排两人骑的是罗孚"安全型"自行车，身
后的人则骑着更老一些的"袋鼠"自行车

普及高轮自行车所遇到的主要瓶颈就在于保障安全。我们前面所说的那些"矮个子"自行车，本质上都是为了解决这一难题而生的，小斯塔利面临的也是一样的问题。但小斯塔利比前述的那些发明家与设计师想得更多，他所设计的自行车首先"要将骑车人放置在恰当的高度"，继而"安排好车座与踏板的固定位置"，最后才考虑"车把与车座的相对位置，以达到骑车人用最少力气取得最大踏板力量的最佳效果"。

在萨顿的帮助下，小斯塔利进行了一系列的实验，反复推倒重来，终于设计、生产出了第一辆罗孚牌"安全型"自行车。

这款自行车几乎具备了现代自行车的所有元素：前后轮拥有几乎同样的尺寸，方向由倾斜的前叉直接操纵，后轮通过增速传动的链条驱动，安装了飞轮并采用了刹车装置。1885年初，小斯塔利将这款驱动轮和转向轮分离，并有链条连接的"安全型"自行车带到了一年一度的"斯坦利秀"（Stanley Show）上。在伦敦泰晤士河上的黑衣修士铁路桥（Blackfriars Bridge）河堤旁搭建的帐篷中，他第一次向世人展示了该车的庐山真面目，结果引发了空前的轰动。

当年的《自行车杂志》（*Cycling Magazine*）上写道，罗孚自行车这一次真正做到了自己广告词上的话——"为世界设定新格局"（Set the pattern to the world）！

小斯塔利的"安全型"自行车，在保证骑行速度不受太大影响的前提下，大大增加了骑行的安全系数，很快就打败了市场上其他的自行车款式，出口到世界各地，广泛地流行起来。而罗孚牌"安全型"自行车也被历史学家公认是第一代的现代自行车：它开启了自行车的新纪元。

罗孚"安全型"自行车是一款跨时代的产品，但这一成就不能仅仅归结于某个天才的奇思妙想。这台"安全型"自行车上有太多前人设计的影子，远的如曲柄踏板、滚珠轴承、切线辐轮等不提，单是该车采用的"钻石形车架"（Diamond-Frame）、倾斜的转向车叉（Inclined Steerer），都是在1884年"汉博公司"（Humber & Co.）出品的"矮人跑车"（Dwarf Roadster）上最先使用的。此外，像"袋鼠"自行车的链条驱动技术，"更日常"和"易骑"自行车的杠杆设置，也都为罗孚自行车所继承。不妨这

样说，小斯塔利的罗孚牌"安全型"自行车是这一交通工具发展至19世纪末的技术集大成者。

罗孚自行车的兴起，迅速获得了年轻女性群体的认可，市场上也随之出现不少类似的"安全型"自行车。据不完全统计，1885年，英国市场上主打"安全"牌的自行车有60种之多，其中7种是前轮杠杆驱动技术；44种是前轮齿轮驱动技术；只有9种采用后轮链条驱动。不过随着罗孚的不断发展，经历一百多年的时光，这些自行车基本上都已经不为人所知了。

1889年，约翰·坎普·斯塔利将公司更名为"J. K. 斯塔利公司"（J. K. Starley and Co.）。1896年，公司更名为"罗孚自行车公司"（Rover Cycle Co.）。

然而天妒英才，1901年，年仅47岁的天才工程师小斯塔利突然离世。他在公司的职务由哈利·史密斯（Harry Smith）接替。此后，公司的业务发展方向出现重大转变。罗孚公司（Rover Company）重点发展了摩托车和汽车业务，自行车业务则被放弃。虽然罗孚公司就此不再跟自行车交集，但约翰·坎普·斯塔利的名字，会永远在自行车历史的星空中熠熠生辉。

左页

1895年，伦敦市民骑着罗孚自行车穿行在马路上

邓禄普，自行车的最后拼图

即便是到了19世纪80年代末的"安全型"自行车时代，骑自行车出行依然不是一个轻松惬意的事儿，因为在这个时代，全球大多数国家和地区的道路状况是不令人乐观的。颠簸与震动，依然是阻止很多潜在消费者成为骑车人的最后阻碍。打破这一阻碍的，是一位父爱澎湃的苏格兰兽医。

1887年，苏格兰人约翰·博伊德·邓禄普（John Boyd Dunlop）发明了第一个实用的充气轮胎，这成为自行车技术史上最后一块关键拼图。充气轮胎让"安全型"自行车更轻，骑行感觉更加舒适，进而让更多人爱上了骑车，催生了19世纪90年代起，属于自行车的"黄金年代"。

邓禄普，1840年2月5日出生在苏格兰北艾尔郡德雷霍恩（Dreghorn）的一个农场，他在爱丁堡大学学习兽医专业，毕业后就以此为业近十年。1867年，邓禄普搬到爱尔兰贝尔法斯特附近的唐帕特里克。

邓禄普留着一嘴大胡子，温和而彬彬有礼，极其符合"苏格兰老古董"的形象。多年来，他过着按部

充气轮胎的发明者邓禄普

邓禄普在进行充气轮胎试验

就班、波澜不惊的生活：完成学业，成为兽医。1871年，他与玛格丽特·史蒂文森女士结婚，婚后育有一儿一女。

因为早产的缘故，邓禄普的小儿子约翰尼从小就身体瘦弱。十岁那年，医生给了家长建议：孩子需要更多的锻炼，可以做一些温和的运动，不要太激烈。邓禄普本人是一个自行车爱好者，他也希望儿子能通过骑自行车的方式来锻炼身体。

那时的自行车才刚刚装上齿轮链条和脚踏板没多久，骑着十分费劲；同时木制车轮和金属轮圈实在是太沉了。邓禄普在某一天用橡胶皮管浇灌花园的时候灵机一动，想出了一个好点子。经他一番操作，做成了世界上第一个充气轮胎。

轮胎做成后，邓禄普捧着他的充气轮胎来到院子里，准备滚动看看效果如何。这个新奇的车轮也引起了儿子女儿和邻居的好奇围观。在石板路上滚动的充气轮胎噪音不小，但却非常顺滑，实验初获成功。

为了实现小儿子骑车的愿望，邓禄普随后购买了一辆适合小男孩骑行的三轮自行车。这种车的前轮直径只有12英寸（约30.5厘米）大小，但两个后轮却要大得多。邓禄普决定只改造后轮，他将橡胶皮管直接固定在车轮轮圈上，还在皮管的外层又覆盖了一层耐磨的橡胶条，并用橡胶胶带将其牢牢地固定在轮辋之上。

1888年，一个夏日傍晚，邓禄普带着小约翰尼来到一条僻静无人的街道上"试车"，一项足以改变人类历史的伟大发明就要诞生了！

小约翰尼的骑行非常成功，路面的颠簸和冲击非常小，骑行速度也越来越快，最后邓禄普不得不呼喊着儿子不要踩得太快。不久之后，凭借父亲的这项发明，小约翰尼轻松赢得了学校三轮自行车比赛冠军。

邓禄普发明的充气自行车轮胎包括：一个全橡胶制的内胎，包上帆布套，外面用加厚的橡胶带保护，充作行驶面。从帆布套伸出的边将轮胎固定在车轮的轮圈上，并用溶胶黏合起来。邓禄普于1888年12月7日为他所发明的充气轮胎正式申请并获得了专利权，并迅速应用到商业领域中。在1888至1889年的冬天，装有充气式橡胶轮胎的自行车便开始上市销售了，它们的广告语是："新式气动安全——向颠簸说再见。"

上图：《哈珀周刊》1896 年插画：《骑车去郊游》

下图：19 世纪末美国自行车竞速赛的场景

不过，在获得专利两年后，邓禄普被正式告知，由于苏格兰发明家罗伯特·威廉·汤姆森（Robert William Thomson）在1846年（于法国）和1847年（于美国）更早获得了充气轮胎的专利，所以他的专利权是无效的。但这一专利权得而复失的变故，并没有打扰邓禄普将之发明商业化应用的前景。

1889年，贝尔法斯特市"巡洋舰自行车俱乐部"的队长——威利·休谟（Willie Hume）根据邓禄普的建议，成为第一个在正式自行车比赛中采用充气轮胎的车手。是年5月18日，他因此赢得了贝尔法斯特女王学院（Queen's College，今天的贝尔法斯特女王大学）的所有4项自行车赛事；不久之后，他又在利物浦举行的一项短距离自行车赛事上夺冠。

这一系列成绩的取得，引起了爱尔兰自行车协会主席威廉·哈维·杜·克罗斯（William Harvey du Cros）的注意。嗅到商机的克罗斯通过自己的人脉，结识了邓禄普，并成功说服邓禄普以专利权入股，共计1500股，合伙创办了一家充气轮胎公司。克罗斯成功地将公司的股票上市，并将公司所有事务控制在自己手下，而邓禄普却没有获得什么实际利益。

邓禄普于1895年从自己的诊所退休，1921年10

月3日在都柏林去世。虽然没有从自己发明的充气轮胎上获得巨大财富，但邓禄普对于自行车（也包括汽车）轮胎的巨大贡献有目共睹，并深受后人崇敬。后来人们熟悉的邓禄普橡胶公司（Dunlop Rubber Co）和邓禄普充气轮胎有限公司（Dunlop Pneumatic Tyre Co.）都是以约翰·博伊德·邓禄普的名字命名的，他还作为名人出现在10英镑纸币上，而邓禄普这个姓氏，几乎成了橡胶轮胎的同义词。

当小斯塔利的"安全型"自行车加装了邓禄普发明的充气轮胎，自行车技术的使用性能终于趋于完善，不仅驱动省力，转向方便，而且行驶更加平稳舒适。正如《不列颠百科全书》所说：

> 自行车的基本设计从19世纪90年代后即处于停滞状态，仅在车架的强度和重量、变速和制动机构、鞍座的布局、车把的设计等方面做了某些改进。

自此以后，自行车技术在细节方面依然在不断变革、进步，但就基本结构而言，一百多年来再无重大突破。一部绵延四百年的自行车技术发展史，进入了尾声，而人类的自行车世纪狂欢，方兴未艾。

1895 至 1896 年，纽约中央公园的骑车人

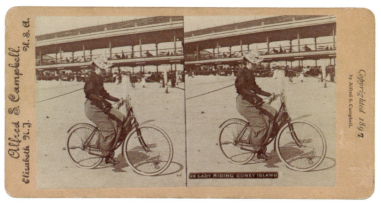

上图：1896 年，美国布鲁克林布莱顿海滩上的骑车人
下图：1897 年，纽约康尼岛上骑自行车的女性

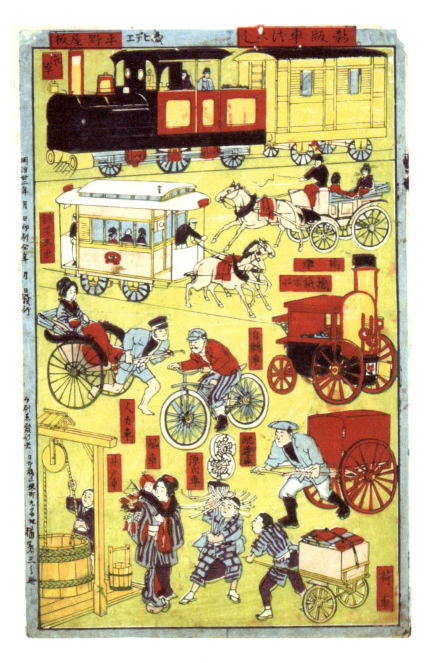

尾声：自行车的世纪狂欢

1884年4月22日晚八点，一个叫托马斯·史蒂文斯（Thomas Stevens）的英裔美国人离开了旧金山。出发时，他骑着一辆由波普自行车公司出品的"哥伦比亚"牌高轮自行车——镀镍轮毂，前轮直径50英寸，车身黑色涂装——车把的行李袋里装着袜子、备用衬衫、可以充作帐篷跟床单的雨衣，以及一把左轮手枪。史蒂文斯的目标，是成为世界上第一个骑自行车环球旅行的人。为此，他骑车穿越内华达山脉，经内华达州、犹他州与怀俄明州，沿着乡村小路、铁路、运河与公共道路骑行3700英里（5954.6公里），最终于1884年8月4日抵达波士顿，成为第一个骑车横穿北美大陆的人。此后他再接再厉，从英国的利物浦出发，穿越英格兰，渡船跨过海峡，从法国迪耶普（Dieppe）启程，经法国、德国、奥地利、匈牙利、克罗地亚、塞尔维亚、保加利亚、土耳其、伊拉克、伊朗、阿富汗、印度，再从香港进入中国，直到1886年12月17日在日本的横滨结束这场环球骑行之旅，并于1887年1月坐船回到旧金山。史蒂文斯的骑行距离超过13500英里（21726.1公里），耗时两年七个月二十五天，他把自己的沿途经历写成一部两册近一千页的《骑行环游世界》（*Around the World on a Bicycle*），成为珍贵的史料。

上图：第一届环法自行车大赛赛场留影
下图：第一届环法自行车大赛的告示

他的传奇旅行轰动全球，为自行车历史书写了浓墨重彩的篇章。现场听过史蒂文斯演讲的美国作家希金森感慨说：

> 他看起来像是儒勒·凡尔纳（杰出的法国科幻小说家——编者注），在讲述自己的精彩经历，又仿佛是现代的水手辛巴达。我们发现现代的机械发明并没有令我们的世界土崩瓦解，反而扎扎实实地为我们提供了去探索这个世界奇迹的手段。这个勇敢的年轻人环游世界，但并没有随身携带步枪，想要去杀死谁，或者带着一捆捆的福音小册子，想去改变谁，他只是去拜访那些住在各个地方的人们。因为他总是有一些有趣的东西可以给人们看，一如这些人们也总是会拿出有趣的东西给他看，所以他永远不会找不到自己的前路。

史蒂文斯的故事，是19世纪末20世纪初自行车热潮的产物。在自行车技术依然不断发展的时代，人们已经按捺不住性子，要骑着这自由之轮，去探索世界了。

一项技术的社会应用，并非只取决于技术本身，而是与其使用者之间存在更为深层的互动，亦受到

THE BICYCLE—THE GREAT DRESS R

19 世纪末的杂志插图

自行车：19 世纪伟大的服装改革者

R OF THE NINETEENTH CENTURY!

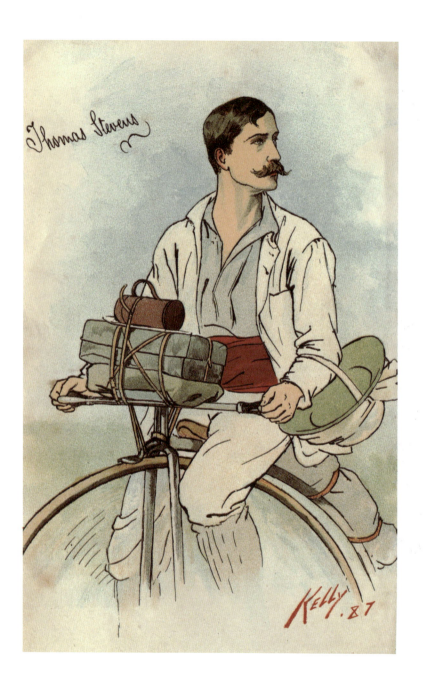

Thomas Stevens

Kelly .87

不同文化语境的影响。自行车最初是作为交通代步工具被发明的，但随着时代变迁与技术发展，它也被广泛用于军事、环球冒险、运动竞技等等领域，可出行，可载物，可玩娱，甚至间接推动了20世纪初的女性解放运动。

在自行车发明之前，囿于技术瓶颈，西方诸国的环球探险活动都必须依靠船只，通过海路进行，而自行车的出现提供了一种新的可能性。新一轮的骑车环球探险热情被激发了出来。无论西方的英国、美国，还是东方的中国、印度，都有勇于进取探索之人骑上自行车，历尽艰辛，去完成自己环游世界之旅。

再如自行车运动竞技。自发明伊始，自行车即被人们用作竞速比赛之器械。1896年首届现代奥林匹克运动会上，自行车运动被列为正式比赛项目，今天它依然是夏季奥运会的重要比赛项目。而人们熟知的环法自行车赛，也是在这个时期创办的，并延续至今，成为全球最著名的自行车赛事。

19世纪中后期爆发的"自行车热潮"也与女性解放运动息息相关。英国作家约翰·高尔斯华绥（John Galsworthy）对此有一段精彩概括：

脚踏车的发明是自查理二世（英国王政复辟后的第一任国王，1630年—1685年——编者注）以来，对礼仪和道德规范造成最深远影响的事件。在此冲击下，年长的监护人、长窄裙、紧身束腹、端庄的长发、黑丝袜、粗厚的足踝、大帽子、假正经和生怕晒黑都成为过去式。取而代之的是多姿多彩的周末生活、开朗的心境、强壮的大腿、直截了当的语言、扎口短裤、凸显的女性身形、森林田野的欢乐、两性平等、消化良好和职业生活——用一句话简言之，就是"女性解放"。

　　由于各国（特别是美国）的自行车公司在推广自行车时为消费者提供分期付款和各种补贴，自行车从一开始就成为多数人能负担得起的时髦交通工具，而它对于中上阶层女性的影响就更是深远：第一次让她们有机会从家庭中解放出来，成为公众场合的骑行者，社会活动的参与者。为了方便骑行，女性的紧身短上衣与长裙被灯笼裤套装取代，服装的演化，其实反映的是人们思维方式与生活审美的变迁。

　　追随着史蒂文斯的足迹，许多女性也开始进行

TOWNE PORTRAIT STUDIO,
425 WASHINGTON ST. BOSTON, MASS.

长距离的自行车旅行，其中成就最大的可能是美国人安妮·伦敦德里（Annie Londonderry）。这个身高1.5米，体重不足90斤的拉脱维亚移民，是三个孩子的妈妈。1894年6月27日，她从马萨诸塞州的州议会大厦出发，耗时十五个月，成为第一个骑车环游世界的女性，媒体称之为"有史以来女性经历的最非凡的旅程"。

事实上，随着20世纪初汽车的横空出世，人类的自行车热潮并没能延续太久，但是整个20世纪，这个人类用了四个世纪才完善的轻便交通工具，从未离开过我们的生活，甚至在两次世界大战的艰难时世中，成为人们最可靠的出行方式之一。而它的影响也绝不仅限于欧美发达国家，在中国，它是几代人的生活记忆，演绎了无数的故事，以至于很长一段时间里，中国被视作真正的自行车车轮上的国度。即使在今天，街头琳琅满目，让人又爱又恨的共享单车，依然是人们离不开的便捷交通工具。只不过这些故事，并不在本书的叙述范围之内，留待我们的下一本书吧。

自行车的黄金时代过去了，但自行车的传奇从未落幕。

图说自行车

附

录

| 除了技术之外更有趣的 |

上图：一位初学自行车的美国女孩，摄于 1897 年

下图：四人同骑一车，摄于 1898 年

一名法国自行车运动员，摄于 1898 年

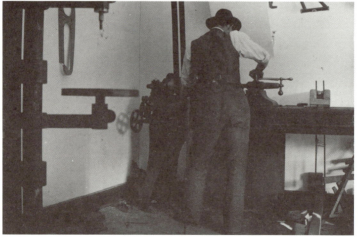

上图：一位美国女性与她的自行车，摄于 1898 年
下图：自行车工坊内景，摄于 1897 年

1891 年海报：《法国标准，自行车和三轮自行车》

1896 年海报：《骑上一辆 Sterns，就会感到满足！》

1897 年海报：《金州，日落时分的黄石公园》

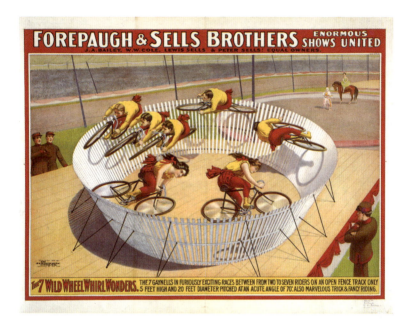

1902 年美国一场自行车表演的海报

上图：1896 年维克多牌自行车的广告海报

下图：一幅法国自行车海报

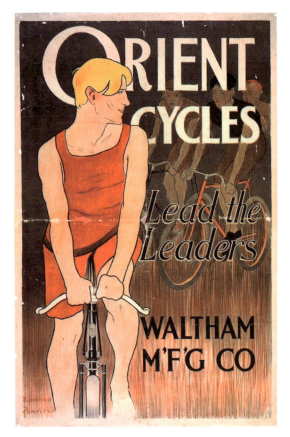

以自行车竞赛为主题的杂志封面

右页 | 1895 年插画：《自行车热潮》

Some doctors claim that the bike is beneficial, and makes everybody look like this.

Others hold that it is injurious, and causes the above effects.

In some parts of the country bloomers are sternly suppressed.

And in other regions they are rightly indulged upon.

Some think that by next year even invalids, babies and blind people will join the ranks.

While others insist that by that time the wheeling craze will be dead.

AND MEANWHILE THE BOOM GOES ON.

THE BICYCLE PROBLEM.

1898 年自行车主题插画：《新年到来》

1894 年法国插画：
《自行车小姐：
一名骑车穿越沙漠到海边的女子》

19 世纪末的自行车赛主题漫画

上图：1896 年漫画：《最大的人物在路上》
下图：一幅展现香榭丽舍大道上骑车男女的插画

1897 年，巴黎布洛涅森林的自行车骑行聚会

左页　左上：1895 年以自行车女装为主题的漫画作品
　　　右上：1887 年，一款带有自行车 logo，定名为"新女性"的女装
　　　左下：1895 年，身着骑车专业运动服的女性
　　　右下：1893 年的漫画：女性骑车带来服装巨大改变，
　　　　　　一位新泽西女孩吸引众人目光

BERLIN

I wonder if they put our bike
into such a sweetest as this one is
undergoing before they let you ride it. SaB

BOMBAY

LONDRES

Is it not awful
that our countrymen
shd. be depicted like this?
SaB.

MADRID

I hope you a
not get a horrible sleep
when the Postman hands y
this little parcel of Picards. Sa

1902 年英国印制的 8 幅自行车主题明信片，分别是柏林、孟买、开罗、君士坦丁堡、伦敦、马德里、纽约、巴黎（从左至右，从上至下）

图书在版编目(CIP)数据

自行车的诞生：从手稿到环球利器/上海汽车博物
馆编著.—上海：上海人民出版社,2022
ISBN 978-7-208-17505-1

Ⅰ.①自… Ⅱ.①上… Ⅲ.①自行车-历史 Ⅳ.
①U484

中国版本图书馆 CIP 数据核字(2022)第 108685 号

责任编辑 王 蓓
装帧设计 陈绿竞

自行车的诞生
——从手稿到环球利器
上海汽车博物馆 编著

出　　版　上海人&出版社
　　　　　(201101　上海市闵行区号景路 159 弄 C 座)
发　　行　上海人民出版社发行中心
印　　刷　上海盛通时代印刷有限公司
开　　本　787×1092　1/32
印　　张　8.5
插　　页　4
字　　数　147,000
版　　次　2022 年 9 月第 1 版
印　　次　2022 年 9 月第 1 次印刷
ISBN 978-7-208-17505-1/G·2096
定　　价　98.00 元